KB054181

이혼 말고도 방법은 있습니다

이혼 말고도 방법은 있습니다

강진아 지음

마음세상

그녀가 소파의 왕자와 다시 사랑에 빠진 이유

나는 '잠자는 소파의 왕자'와 산다. 못된 왕비의 마술로 늘 잠만 자는 숲 속의 공주님처럼 내 눈에 비친 남편은 늘 잠만 잔다. 물론 '늘' 잠만 자는 건 아니다. 야행성인 남편은 내가 잠자리에 들 때쯤 컨디션이 최고조에 달하고, 내가 일어날 즈음에 잠자리에 들곤 한다. 남편이 늘 소파왕자였던 것도 아니다. 결혼 직후 남편은 "오빠만 믿어!"라고 외치는 왕자님이었다. 친정집 방 한 칸 얻어서 시작한 신혼이었지만 행복했다. 검사 남편덕에 금방 부자가 되어 집도 곧 사고 나는 '사모님'으로 호강할 거라 한치도 의심하지 않았다.

딱 15년 검사생활을 한 후, 남편은 검사를 그만뒀다. 퇴직을 만류하던 내게 변호사 개업을 하면 더 많은 돈을 벌 수 있다고 큰소리쳤다. 아무 대책 없이 퇴직한 후에야 개업을 알아보던 남편은 서울에 사무실을 차려야 하니 돈이 필요하다고 내게 손을 벌렸다. 서울 전셋집을 빼서 지방에 분양받은 아파트 중도금을 납부한 후 수중 여윳돈은 거의 없었다. 있다 해도 남편에 대한 신뢰가 완전히 무너진 내가 얼마 안 되는 내 전 재산을 나눠줄 리 만무했다.

올해로 남편은 가사 전담러 7년째다. 금슬 좋은 부부란 '이생망(이번 생은 망함)'이라고 내 기구한 팔자를 들먹이며 살아왔다. 이렇게 부부관계가 엉망진창이 된 것은 다 무능력한 남편 탓이라고 한바탕 화를 내고 나면 억울한 마음이 좀 풀렸다. 이런 사람을 데리고 사는 나는 보살이라며 스스로 으쓱해했다.

지금 상황이 스스로 자초한 것이라는 걸 알게 건 나 홀로 외벌이 수년차에 이르러서다. 한 달 동안 연거푸 세 가지 사건을 만나게 됐다. 첫 번째는 대학생인 큰 딸이 수강하던 결혼과 관련한 수업 영상자료를 함께 보면서였다. 화목한 부부와 그렇지 못한 부부간의 차이에 대해 알려주는 다큐멘터리였다. 갈등만 빚는 커플을 통해 익숙한 내 모습을 봤다. 딸에게 부끄러웠다.

두 번째는 직장 후배가 서른이 넘어도 부모님이 심각하게 싸우면 멘탈 관리가 어렵다며 하소연을 했던 거에서 비롯됐다. 그럼 감수성 한참 예민했던 10대 사춘기 아이들 앞에서 이혼을 들먹이며 수년간 매일 싸워대던 나는, 그동안 아이들에게 얼마나 큰 상처를 줬던 걸까? 아이들이 누구

닮아 저렇게 공부를 안 할까 고민했던 나는 드디어 답을 찾았다. 인생 목표를 못 찾고 헤매는 아이들 뒤에는 지혜롭지 못했던 내가 자리하고 있었다. 더 늦기 전에 아이들에게 남긴 생채기를 어루만져 주고 싶었다.

마지막은 내가 사고를 당하면서다. 새벽에 정신을 잃고 쓰러지며 머리를 크게 다쳤는데, 주변에 흥건한 피를 닦고 응급실까지 데려다주고 완치될 때까지 옆에서 극진하게 간호해준 건 내가 그토록 예뻐했던 세 아이들이 아니라 내가 그토록 미워했던 남편이었다.

부부관계를 개선하는 건 내게 달려 있다는 확신이 들었다. 남편을 변화시키려고 그토록 노력했지만, 그는 처음 만났을 때와 그다지 크게 변하지 않았다. 내게 주어진 선택지는 세 개였다. 내가 원하는 모습과 거리가 멀다며 남편을 비난하며 갈라서는 것. 변할 의사가 없는 남편을 원망하며 지금처럼 우울하게 사는 것. 남편을 변신시키려는 노력을 그만두되, 체념 대신 남편을 바라보는 시선을 바꿔보는 것.

첫 번째는 5년 전 시도했다가 꼼꼼하게 손익계산서를 따져본 후에 접었다. 이미 경제성이 없다고 판단된 카드를 다시 쓰고 싶지는 않았다. 두 번째는 그동안 지겹도록 써왔고 내 삶에 전혀 도움이 되지 않았다. 이제 남은 건 마지막 선택지다. 내 노력이 많이 들어가는 거라 꽤나 힘들겠지만, 사고 후 남편이 얼마나 소중한 지를 깨닫게 됐기 때문에 속는 셈 치고 한 번 시도해보기로 했다. 책을 좋아하기에 뭐든지 새로운 걸 시도할 때는 책부터 읽는다. 부부관계 관련 책 수십 권을 읽어보니, 그 안에 담긴 내용은 대동소이했다. 책 안에 겹치는 메시지를 모아보니 내가 이미 수년 전부터 약간 다른 형태로 실천하고 있는 것들이 대다수였다.

남편을 만나기 전, 나 홀로 살아온 시간이 24년이다. 남편과 함께 한 것은 햇수로 올해가 24년째다. 연애기간을 포함해 나는 무려 20년 가까이 불행커플로 살았다. 이 어둡고 우울한 시간은 전조기 9년과 빙하기 9년 남짓에 담았다. 앙숙이 되어 빨리 헤어지고 싶은 부부가 있다면 이대로만 실천하면 된다. 이혼으로 가는 지름길이라 보장한다.

작년 말 발표 자료에 따르면 서울시 이혼 부부의 평균 결혼 지속기간은 18.5년이다. 내가 진지하게 이혼을 고려했던 시기도 딱 이 분기점에 다다랐을 때다. 이혼 대신에 나는 가정을 지키고 한 인간으로 성장하는 걸 선택했다. 행복부부를 흉내 내다 진짜 행복해져버린 여정은 해빙기, 적응기, 성숙기, 개화기에 담았다. 물론 이 과정 중 시행착오는 끊임없이 있었다. 그럼에도 행복부부를 향한 희망을 버리지 않았다. 잠깐 불행부부가 되는 건, 성공적인 다이어트를 향한 치팅 데이와 같은 거라고 자위했다.

화목한 가정을 꾸린 것으로 유명한 연예인 부부를 늘 동경해왔다. 내 남편은 그들처럼 멋진 외모나 몸짱과는 거리가 먼 배나온 대머리 아저씨다. 물론 나 역시 탤런트급 미모와는 아무 상관없는 반백을 바라보는 평범한 대한민국 아줌마다. 그럼에도 우리 부부는 지금, 연애 초기에 썼던 콩깍지를 다시 끼며 살고 있다. 염려했던 것보다는 쉬웠고, 우려했던 것보다는 진심이 됐다.

대한민국 직장인 퇴직 평균 연령은 49.3세다. 우리나라 평균 기대수명은 여성은 83.5세다. 퇴직 후에 무려 30년 넘게 같은 공간 안에서 함께 지내야 한다는 거다. 미리 리허설이라도 하지 않으면, 부부관계에서 불가피한 갈등을 지혜롭게 헤쳐 나가기 어렵다. 남들보다 일찍 퇴직한 남편 덕에 먼저 이 길을 경험해볼 수 있었다. 배우자가 퇴직을 앞두고 있거나 배우자와 관계 개선을 원하는 부부들에게 내가 직접 효과를 맛본 매직 비법을 나누고 싶다.

제1장
전조기

형이 노예예요?

남편을 처음 만난 건 세기가 바뀌긴 전인 1999년 시골 다방에서였다. 말 그대로 다방이었다. 안개 자욱한 담배연기, 나이 지긋한 중년의 아저씨들이 쌍화탕에 계란 톡 풀어 한 모금 마시고, 짧은 치마 언니들이 오토바이로 차를 배달할 것 같은 80년대 풍의 찻집. 남편은 사법고시 2차 시험을 치른 후 잠시 고향집에 들려 일주일 정도 휴식을 취한 후 서울로 다시 올라가던 차였다. 나는 행정고시 2차 시험을 치르자마자 선을 봐야한다는 부모님의 성화에 서울 살림살이를 모두 정리하고 부리나케 내려온 직후였다.

중매를 주선하신 분은 아버지 쪽 친척 분으로 내게는 6촌 할머니셨다. 이 분께서 남편 쪽으로 시집을 가셔서 남편에게도 6촌 할머니셨다. 내게는 친척관계로, 남편에게는 인척관계로 인연을 맺은 분이 우리를 연결해 주신 것이다. 선이라는 무거운 단어가 주는 분위기만큼 요즘 소개팅과는 만남의 시작부터가 달랐다. 우리 집에선 할머니와 어머니가, 남편 쪽에선 주선해주신 할머니와 시어머니 되실 분이 함께 하셨다. 첫 만남부터 미니 상견례였던 셈이다.

남편과 첫 만남 1시간 동안에는 서로의 공통분모에 집중하느라 의사소통이 어렵다는 생각을 하지 못했다. 일단 고향이 같았고, 우리 둘 모두 그다지 내세울 것 없는 가문에서 고시를 치르고, 서울 소재 같은 대학을 졸업했다. 비슷한 시기에 수험생활을 하면서 같은 수업을 청강했고 고시원, 식당, 학원에 얽힌 에피소드를 주고받아도 별다른 이질감이 느껴지지 않았다. 아마도 고시공부 중에 대학 캠퍼스나 신림동 거리에서 여러 번 스쳐지나갔을지도 모르겠다는 생각이 들었다.

이후 우리는 전화로 소식을 주고받았다. 둘 다 서로가 엄청 마음에 든 건 아니었다. 그렇게 확 끌리지는 않지만 시험만 합격한다면 그리 나쁘지는 않아 보이는 조건. 내 눈에도 비친 남편도, 남편 눈에 비친 나도 딱 그 정도였다. 뜨겁고 열정적인 사랑과는 거리가 멀었다. 큰 애정 없이 시작한 미적지근한 관계는 위기 앞에서 더욱 취약할 수밖에 없는 법이다.

처음 만남 후 한동안 우리는 만날 일이 없었다. 나는 서울로 올라갈 일이 없었고, 남편은 고향으로 내려올 일이 없었다. 그럼에도 남편은 2~3일에 한 번 꼴로 전화를 했다. 선으로 만났기에 가능한 소통 방식이었다. 주선해주신 분이 주기적으로 진행상황을 점검하니 그다지 끈끈한 마음이 없었음에도 간헐적으로 소통을 했던 셈이다.

남편이 추석을 쇠러 잠깐 고향에 들리면서 연휴 직전에 두 번째로 만나고, 연휴 끝자락에 세 번째로 만나게 됐다. 남편은 결혼을 전제로 만난 사이고, 세 번을 만났으니 결혼을 할지 안할지를 결정하라고 했다. 결혼할 생각이 없으면 더 이상 만나지 말자는 거다. 이때 이미 향후 의사소통에 있어 불협화음이 초래될 것이라는 걸 감지했어야 했지만, 나는 세상 물정에 어두운 20대 중반에 불과했다.

당시 나는 남편이 사법시험에 합격하면 내 앞에 꽃밭이 펼쳐질 거라는 환상에 빠져 있었다. 친정아버지 소원인 사법고시를 보지 못하고 행정고시를 봤기에 법조인 사위를 안겨드리면 부모님이 꽤 만족해하실 거라는 효심도 갑작스레 솟아났다. 세상 어떤 남자를 만나도 중간선만 넘으면 대충 맞춰서 살 수 있다며 쓸데없는 부심을 부리는 내게, 남편 또한 비슷한 톤으로 화답하면서 우리는 계속 만남을 이어갔다.

둘 모두 최종 시험결과 발표가 나기까지 특별히 바쁘지 않았기에 남편이 하는 의무방어전 같은 전화에, 나 역시 비슷한 모노톤으로 반응하며 지지부진한 관계가 이어졌다. 이렇게 서로에게 자주 연락을 하지 않는다는 것은 자신의 인생에서 상대방의 우선순위가 그다지 높지 않다는 거다. 서로에 대한 관심이 부족하다는 방증일 수도 있다.

우리의 관계는 시험 결과 발표 후 급변했다. 그 해 시험에 남편은 합격하고 나는 고배를 마셨기 때문이다. 사시 합격 후 남편에게 소개팅을 알선해주겠다는 전화가 쇄도했다. 남편은 그 전화를 내게 당당하게 자랑할 만큼 철이 덜 들었다. 자신이 얼마나 상한가인지를 뽐내고 싶었던 모양이다.

남편과 연애와 공부를 병행하다 다음해 1차 시험에서 1문제 차이로 다시 고배를 마셨다. 남편이 연수원에 들어가면서 바빠지고, 나는 외로운 고시공부를 다시 하게 되면서 우리의 갈등은 최고조에 이르렀다. 나는 남편의 자유로운 영혼을 품을 만큼 포용력이 있지 않았고, 남편은 나를 배려해줄 만큼 따뜻한 남자가 아니었다.

어떤 문제가 발생했을 때 그 문제의 근원을 살펴보면 생각보다 뿌리가 깊다는 것에 흠칫 놀라게 된다. 우리 부부의 문제도 연애시절부터 이미 전조가 보였다. 하지만 나는 이런 걸 알아차리고 당차게 끊을 만큼 성숙하지 못했다. 사회생활 제로 상태에서 맺은 인간관계를 어떻게 이어가야 할지, 어느 순간에 마침표를 찍어야할지 갈팡질팡했던 거다.

자주 갈등을 빚었던 것은 전화 문제였다. 남편과 대화하는 걸 즐기지 않았다. 늘 어린아이에게 훈계하듯이 말하는 지시조의 말투 때문이었다.

그럼에도 나는 남편이 여자 친구의 상태를 전화로 물어야 한다고 생각했다. 하지만 남편은 이런 일상 통화를 왜 해야 하는지 이해하지 못했다.

어느 날 남편이 연수원 동기에게 애로사항을 토로하자 그 친구는 "형이 노예예요? 전 여자 친구에게 하루에 한 번 전화하고 1분을 절대 넘기지 않아요."라며 당당하게 자랑했다고 한다. 이렇게 여자 친구에게 전화하는 시간까지 아껴 쓰며 공부한 덕인지, 그 친구는 후에 판사로 임용되었다. 보살처럼 이해심 넘쳤던 그 여자 친구는 알고 보니 약사라 고시생인 나처럼 남자친구의 전화를 기다릴 만큼 한가하지 않았던 거였다.

우리는 의사소통의 차이로 인해 자주 대립각을 세웠다. 직설적으로 결론부터 내곤 했던 남편과 달리 나는 주변을 빙빙 돌려 내 감정을 우회적으로 표현하는 게 익숙했다. 문제가 생기면 조용히 자신만의 동굴로 들어가 홀로 해결하려는 남편이 내 시선에서는 영 마뜩치 않았다. 별것 아닌 내 일상을 귀 기울여 들어주는 이가 필요했지만, 남편은 다정함과는 거리가 꽤 멀었다.

원활하지 않은 소통방식으로 인해 우리 관계는 첫 단추부터 잘못 꿰어진 느낌이었다. 게다가 단추 간 거리가 너무 멀어, 내 몸에 더욱 잘 맞지 않은 불편한 셔츠를 입은 듯했다. 단추 사이가 벌어져 볼썽사나운 모습이 연출될 때는 스냅단추가 요긴하다. 우리 부부에게는 이렇게 단추 틈에 다리를 놓아줄 아기자기한 똑딱이 단추가 절실하게 필요했지만, 그 누구도 그때는 알지 못했다.

내 몫까지 부모님을 챙겨줘

나를 만나기 전, 짝사랑만 해왔던 남편은 제대로 된 연애경험이 전무했다. 그래서인지 여성과 공감하는 능력이 매우 떨어졌다. 다정한 면이 너무 부족해 제발 편지를 좀 써달라고 부탁하자 첫 편지를 써오긴 했다. 2년간 연애하며 받은 편지는 다 합쳐 총 두 통이다. 하지만 남편에게 받은 편지는 "네가 쓰라고 해서 이 편지를 중앙도서관에서 쓰고 있다"로 첫 문장이 시작한다.

두 번째 받은 편지도 비슷했다. 아니, 오히려 그 강도가 더 세졌다. 남편과 나의 상대적 사회적 위치가 심하게 불균형을 이뤘기 때문이다. 사시합격생 남편은 인생 고점을 향해 질주 중이었고, 백수 고시생으로 되돌아간 나는 인생 저점을 제대로 경험중이었다. 이 시기에 받은 편지 또한 나에 대한 애정이나 사랑이 담긴 편지가 아니라 무심한 자신을 대신해 자신의 가족에게 잘해달라는 지시사항에 불과했다. 효도는 셀프 아니었던가? 내가 현대판 노비인가? 명령조로 자신의 부모님, 자신의 형제자매에게 효도를 강요하는 건 아니지 않나?

그런데 이런 기울어진 연애를 끝맺지 못했던 건, 이런 요구가 터무니없이 비합리적이라는 생각을 미처 하지 못했기 때문이다. 아직 결혼생활이나 시댁 스트레스 같은 것을 제대로 경험하지 못해서, 이런 것들이 얼마나 억울한 감정을 초래하는지 알지 못해서였다. 결혼 전, 친정 부모님으로부터 "결혼 후에는 친정은 잊고 시댁에만 최선을 다해라."는 말씀을 귀에 못이 박히도록 들어왔기에 시댁에 대한 무한충성이 당연하다고 은연중에 생각했었다.

명절 때 친정어머니께서 친정에 가시는 걸 본 기억이 거의 없다. 거리가 멀었던 것도 아니다. 할머니 댁과 외할머니 댁은 같은 시에 위치하고 면만 달랐기에 차로 불과 15분 남짓 떨어져 있었다. 그럼에도 8남매 맏며느리였던 친정어머니는 많은 손님을 맞이하고 제사음식을 준비하고 몇 개의 상을 동시에 차리고 치우느라 잠시도 쉴 짬이 없으셨다. 아들만 여섯인 집에 고명딸로 태어났지만 학교 문턱은 밟아보지도 못하고 오빠와 남동생 뒷바라지만 해야 했던 어머니께서 친정에 대해 애틋한 마음이 그리 크지 않으셨을 수도 있다. 하나뿐인 고모이기에 친정집에 빈손으로 갈 수 없고 조카들 용돈이라도 좀 쥐어줘야 할 텐데 무려 17명이나 되는 조카들의 기대를 충족시켜 주려면 부담이 제법 클 수밖에 없었으리라.

친정아버지는 자식에 대한 사람은 남다른 분이셨지만, 전형적인 가부장적인 면모에서 자유로운 분은 아니셨다. 학창시절 공부를 잘하는 나를 예뻐하셨지만, 어릴 적부터 "결혼 후에 내가 가진 모든 것은 다 네 남동생 몫이다. 절대로 욕심내지 마라."는 말씀을 수차례 하셨다. 철이 좀 들었을 때는 "공부를 잘해서 효도하는 건 난데, 왜 재산은 모두 다 남동생이 가져가느냐?"며 울면서 반항한 적도 있었지만 다 부질없었다. 아버지의 마음을 되돌릴 수 없다는 것을 일찌감치 깨달은 나는 스스로 힘으로 기필코 성공하고 말겠다는 각오를 다지게 되었다.

이런 집안에서 자라서여서인지 연애를 시작했을 때부터 결혼 초기까지 남편의 '효도 무임승차'에 대해 그렇게 부당하다는 생각을 하지는 못했다. 결혼 2주 만에 시아버지께서 돌아가셨을 때는 며느리로서 최선을 다하는 내 모습에 뿌듯한 감정마저 느꼈었다. 시댁에서 전통장례식을 치렀던 게 스물여섯 해를 살면서 내가 장례의식에 참여한 최초의 경험이었다. 당시 나는 외할머니, 외할아버지, 할머니, 할아버지 모두 살아계셨었다.

내 생애 첫 장례는 평소에 텔레비전이나 영화를 통해 자주 접하던 모습과는 거리가 사뭇 있었다. 장례식장에서 검정색 치마저고리를 입고 슬픔에 젖은 얼굴로 다소곳이 머리 숙이고 손님을 맞이하는 게 내게 익숙한 장면이었다. 하지만 현실 세계에서 나는 노란 빛이 감도는 거친 삼베옷을 입고 머리에는 수질을 두르고, 허리는 요질로 질끈 묶었다. 조용히 침묵하며 힘없는 얼굴로 고개만 까닥이며 인사하면 되는 게 아니라 우렁찬 목소리로 한참동안 곡을 해야 했다. 곡을 하다 손님들이 당도하면 죽을 퍼 날랐다. 이어서 곡을 하다 12월 겨울임에도 찬물에 설거지를 했다. 몸이 고달팠지만 곡을 하는 게 어색해서, 차라리 손이 빨갛게 되도록 설거지를 하고 뜨거운 죽 그릇을 옮기는 게 쉬웠다. 연애시절 가끔 뵈었긴 했지만 시아버지와 막내며느리로 내가 맺은 인연은 너무 짧았기 때문에 이틀 내내 가슴 깊이에서 곡을 끌어낼 만큼 안타까운 마음이 절절하게 끓어오르지는 않았기 때문이다.

상을 치르는 기간 내내 몸을 아끼지 않은 탓에 시댁 동네 어르신들로부터 일을 잘한다는 평을 들었다. 상을 치른 후, 남편은 연수원을 마치기 위해 서울로 가고, 나는 홀로 되신 시어머니 마음을 위로해드리기 위해 남았다. 수시로 애달파 하시는 어머니 손도 잡아드리고, 겨울 초입에 밭에서 거두어들인 꺼리들로 가득 찬 손수레도 열심히 끌었다. 동네 분들의 후한 평가에 재확증이라도 받고 싶은 인정욕구의 발로였는지, 결혼과 취직이라는 두 마리 목표를 모두 달성한 직후에 마주한 큰 행사였기에 마음이 너그러워져서 베풀게 된 온정의 손길이었는지, 지금도 잘 모르겠다.

결혼 초만 해도 남편의 효도 부탁에 별다른 거부반응을 보이지 않고, 오히려 더 자발적으로 이렇게 시댁의 대소사에 적극적으로 임했다. 하지만 다음 해 설과 추석을 시댁에서 보내면서 원가족의 문화 차이에 큰 충격을 받게 됐다. 매해 명절과 시아버지 제사를 시댁 분들과 함께 하면서 대부분 며느리라면 겪을만한 갈등과 혼란을 경험했다. 명절 기간 동안 남편은 친구를 만나러 나가곤 했다. 심지어 남편 친구들은 시댁에 방문해서 한참을 놀다 갔다. 오랜만에 고향에 내려간 건, 나도 마찬가지인데 왜 나는 내 친구를 만나지 못하고 남편 친구들만 돌봐야 하는 거지? 나는 과연 며느리인 걸까, 종인 걸까? 자신의 조상 제사를 내게 맡기고 전날 숙취를 핑계로 늦잠을 자는 남편을 시어머니는 왜 이해하시는 걸까? 남편은 가만히 있는데 왜 나만 상을 차리고 치우고 그릇을 씻는 일상을 하루에 몇 번씩 해야 하는 거지?

'셀프 효도'에 대한 갈망이 더욱 커졌던 것은 결혼 햇수가 누적되면서 남편 친척 분들과 교류가 잦아지면서였다. 검사 남편을 둔 덕에 시댁 친지 중에는 유독 오지라퍼가 많았다. 사적인 전화를 거의 받지 않는 남편 대신에 그들은 나를 찾았다. '시어머니께 더 잘해라, 형님께 잘해라, 시숙님께 잘해라' 등 그 분들의 요구사항은 네버 엔딩 효도 강요 스토리였다. 나도 회사생활하고 애들 키우느라 남편 못지않게 바쁜데 말이다. 남편역시 연애 초기부터 기대했듯이 내가 '효심 깊은 며느리, 다소곳한 제수

씨, 공손한 동서, 배려 넘치는 올케, 상냥한 조카며느리'가 되기를 원했다.

  어떤 결혼정보업체에서 조사한 바에 따르면 결혼 후 부부갈등을 초래하는 가장 큰 요인이 "리모컨 효도"였다. 자신은 움직이지 않고 부인을 리모컨처럼 쓴다는 거다. 시부모께 안부전화를 드리게 하거나, 집안일을 도울 때 자신이 직접 하지 않고 부인을 시키는 거다.

  결혼관계는 두 남녀가 중심이 되어 꾸려야 건강하게 유지될 수 있다. 물론 당사자의 뒤에 자리 잡고 있는 부모님과 형제자매를 완전히 도외시하기는 어렵겠지만, 이들이 주역 자리를 꿰차서는 절대로 건강한 관계를 오래 지속할 수 없다. 남편과 아내가 오롯이 주연배우로 채워야 할 무대에 조연과 엑스트라가 지나치게 큰 비중을 차지하면 그 영화는 흥행에 실패할 수밖에 없다. 돋보여야 할 주연배우들의 분량이 너무 줄어들어 주연 남녀의 서사가 강한 인상을 남기지 못하고 조연의 들러리처럼 본말이 전도되기 때문이다. 이런 분위기가 감지됐을 때 상황을 바로잡아야 했는데, 그러지 못해서 결국은 문제가 계속 커지기만 했다.

충조평판이 초래하는 소통불통

　　말투 하나만 바꿔도 관계가 개선된다. 우리는 그 말투 하나를 못 바꿔서 20년 가까이 늘 서로 으르렁거렸다. 예전만큼은 아니지만, 아직도 가끔 냉랭 전선을 형성하곤 한다. 지금은 많이 나아졌지만, 처음 만났을 때부터 꽤 오랫동안 남편은 훈계조로 가르치려는 말투를 쓰는 편이었다.

　　문제는 내가 권위적인 꼰대 스타일에게 필요 이상의 과민반응을 보인다는 거다. 연애 초기에는 남편이 하는 말을 경청하며, 참 똑똑하다며 경탄했지만, 이제는 교조적인 투로 남편이 말을 시작하면 귀부터 닫게 된다. 매일 책 읽으며 견문을 넓혀왔고, 사회생활 20년차를 넘기다보니 나 역시 이제는 옥석을 가릴 정도가 되었기 때문이다.

나는 다정한 이들과는 대화를 잘 이어가는 편이다. 부드러운 말투를 건네는 이들에게는 나 역시 세상 다정다감한 여인이 된다. 하지만 공격적인 말투로 이야기하는 이들과는 자주 갈등을 빚는다. 어렸을 때부터 여성을 폄하하거나, 불공평한 처사를 일삼거나, 나를 조롱하는 이들에게는 거침없이 단호하게 반격해왔던 습관이 몸 속 깊이 체화되어 있기 때문이다.

연수원 이후 검사생활을 시작한 남편은 명령하고 통제하는 데 더욱 익숙하게 되었다. 피의자와 피고인을 보면서 늘 사람에 대해 의심을 품어야만 했던 직업병으로 인해 가족마저도 잠재 범죄자처럼 보게 되었던 걸까. 20대에 처음 만났을 때는 세상을 호령할 것 같은 기상과 기개를 내보였던 남편은 어느새 세상에 대한 의심과 의혹으로 가득 찬 냉소적인 사람으로 변해갔다.

내가 좀 더 성숙했다면 남편의 빈정거리는 말투에서 냉소를 제거하고 본의를 찾으려고 노력했을 지도 모르겠다. 하지만 나는 남편 말의 표피만 보고 더 차갑게, 더 냉랭하게 톡 쏘아붙이는 어리석고 유치한 20대에 불과했다. 아이를 낳고 서른을 넘겨도 나의 유치한 행태는 나아지기는커녕 육아와 양육부담으로 인해 더욱 그 정도가 심해졌다.

남편과 대화를 즐거하지 않았던 이유는 충고, 조언, 평가, 판단으로 점철된 '충조평판'같은 논조로 이야기가 흐르기 때문이다. 안 그래도 밖에 나가면 꼰대같이 훈계를 하려는 이들을 종종 만나게 되는데 가장 편하게 지내고 싶은 집 안에서까지 이런 대접을 받고 싶지 않았다.

이런 말투는 내 안 깊숙이 잠재되어 있는 '차별'에 대한 감정선을 건드리곤 한다. 남편이 이런 어조로 이야기하면 어렸을 때부터 받았던 각종 차별 경험이 한꺼번에 쏟아지면서, 내가 부당한 대우를 받고 있다는 생각에 강하게 사로잡히곤 했다.

내가 기억하는 가장 최초의 차별은 남동생이 태어난 직후였다. 사랑을 독차지하는 동생이 얼마나 부러웠는지, 만 세 살도 채 되지 않았던 나는 시장에 가서 고추를 사서 달아달라고 부모님을 귀찮게 했다.

유치원과 학교에 들어가니 여자라는 이유에 더해 또 다른 차별이 이어졌다. 어릴 적에 3도 화상을 입어서 나는 양 손과 팔에 매우 심한 화상 자국이 남아 있다. 화상의 후유증으로 10개 손가락 중에 다섯 개가 구부러져 있다. 초등학교 저학년 시절 하교 길에 집까지 따라오면서 '숯불구이', '할머니 손'이라고 놀리는 아이들 때문에 울면서 집에 갔던 기억이 아직도 생생하다. 언제 어디서 놀림을 받을지 모른다는 생각에 늘 손을 가리고 다녔다. 악필 습관도 이때 생겼다. 혹시 내 손을 유심히 살펴볼까 싶어서 수업시간에는 옆자리 짝꿍이 필기를 끝내기 전에 얼른 내가 먼저 마치고 양손을 책상 아래로 숨기곤 했다. 덕분에 글자는 무척 빨리 쓰지만, 뭘 썼는지 나조차도 제대로 판독하기 어려울 정도로 필기노트는 엉망진

창이었다.

　학창시절 촌스러운 이름과 신체발육이 조숙했던 탓에 무수한 성희롱을 당했다. 버스 안에서, 길 가다가 영문도 모르고, 심지어 집에서 아는 친인척 어른에게도. 우락부락한 남자들을 경계하는 습관도 이때 생겼다. 입사 초기에는 별다른 이유 없이 단지 내가 '젊은 여자'라는 이유만으로 받지 않겠다고 상사가 갑질을 해서, 원하는 기관에 발령받지 못했다.

　'약자'라는 이유만으로 놀림과 괴롭힘, 차별을 받았던 경험이 내 뼛속 깊이 새겨지다보니, 조금만 언성을 높이는 이를 만나면 '나를 무시하는 건가?'라는 반감부터 생기곤 했던 거다. 이런 문제를 해결하는 방법은 딱 두 개뿐이었다. 남편이 말투를 바꾸거나, 나를 어두운 과거 경험에서 해방시켜주는 것. 둘 다 쉽지 않았고, 그래서 갈등은 계속됐다.

은행 돈이 다 내 돈이야

연애시절 남편은 내 친구들에게 인기 만점이었다. 지갑 여는데 주저함이 없었기 때문이다. 하지만 이 멋짐이 사실은 실속이 없다는 걸 알게 되는 데는 그리 긴 시간이 걸리지 않았다. 나중에 남편 통장을 확인해보니 그는 '텅장' 밖에 가진 게 없었다. 남편은 그동안 연수생들에게 허락되는 마이너스 대출을 왕창 끌어다 쓰고 있었던 거다. 고시 생활이 길어지는 딸과 헤어질까 걱정이 되셨는지 친정아버지는 예비 사위에게 꼬박꼬박 매달 용돈을 부치셨다. 그럼에도 연수원을 마칠 때 남편은 이미 마이너스로 시작했다. 많이 벌지는 못하시지만 근검절약하시는 아버지를 보면서 자라온 나는 이런 남편을 이해할 수 없었다.

다행히 결혼 이듬해 나도 경제활동을 시작하게 되면서 미래를 구체적으로 그려보기 시작했다. 소득의 절반은 저금해야 하지 않을까 싶어서 남편 급여로는 장기마련저축을 들고, 내 집 마련을 위한 청약예금을 가입했다. 소득공제가 되는 알뜰 상품들을 골라서 몇 개 저축도 시작했다. 하지만 나 혼자 궁상떤다고 살림이 나아지지 않았다. 남편은 '품위유지'를 위해 부지런히 써댔다. 다른 법조인들은 다들 어떻게 사는 건지 궁금했다. 부자 배우자를 둔 건지, 아니면 다들 남편처럼 은행돈을 '영끌'하면서 마이너스 인생을 사는 건지, 아니면 타고난 금수저인 건지. 하여간 남편의 소비행태에 진절머리가 난 나도 어느 순간부터는 저축을 포기하기 시작했다. 러시아 룰렛 게임이라도 하듯 나 역시 잠자고 있던 소비 질주 본능을 깨워 계획 없이 돈을 써댔다.

남편과 아내가 경쟁하듯 허세작렬 행태를 이어가니 결혼 8년차에 이르렀지만 여전히 원룸 팔자를 벗어나지 못하고 있었다. 게다가 시댁에서는 계속 경제적인 원조를 요청했다. '빌려달라'고 말하지만 내게는 '달라'는 것처럼 여겨졌다. 시누이 두 분은 신혼 초부터 일찌감치 대출행렬에 합세하셨다. 7년간 부지런히 매달 100만원씩 꼬박꼬박 들었던 장기마련적금. 원금과 이자 합쳐서 약 1억 원에 육박할 때, 새 사업을 시작하려던 시숙님이 돈을 빌려달라고 하셨다. 남편은 만기가 된 적금에 대출까지 받아 돈을 빌려줬다. 당연히 받을 생각이 없다는 건 알고 있었지만, 나와 상의도 없이 단행한 것에 대해 화가 치솟았다. 문제는 나에게는 발언권조차 없다는 거였다.

30

시댁에 드러내 놓고 돈을 갚아달라고 이야기하지 못하는 대신 호인과 호구를 겸비한 남편에게 도끼눈을 흘기는 것으로 분풀이를 하곤 했다. 지금 생각해보니 남편에게 무슨 죄가 있나 싶다. 물론 딱 잘라 거절했어도 좋았을 테지만 그럼 형제관계가 원만하게 이어지기 어려웠을 테지.

얼마 전에 사촌여동생이 돈을 빌려달라고 했다. 얼마나 힘들면 내게 연락했을까 싶어서 처음에는 흔쾌히 줬다. 하지만, 돈을 갚을 의지는 전혀 보이지 않은 채 얼마 후에 또 빌려달라고 했다. 앞으로 동생 얼굴 보는 게 불편할 수 있겠지만, 그걸 감수하고 철벽을 쳤다. 내가 여유가 있다면 한 번 더 빌려줬을지도 모르겠다. 하지만 나 역시 외벌이로 세 아이를 키워야 하는데 마냥 동생에게 도움의 손길을 건넬 만큼 심적 여유가 있지는 않았다. 금전관계로 얽히면 시댁이건 친가건 관계가 어색해지는 건 순식간이다.

고 장기려 박사의 평전을 인상 깊게 읽었다. 노숙자에게 코트를 벗어주고 귀가한 장기려 박사의 에피소드에서 뭉클한 감동을 받고, 배려의 아이콘다운 처신에 존경하는 마음을 품게 되었다. 하지만 내 남편이 이렇게 행동하면 오버라고 여기게 되는 건 왜일까? 재직 중 남편은 직원들이나 후배들과 식사하거나 회식할 때 필요 이상의 술과 안주를 시키곤 했다. 모든 직원이 택시를 타고 떠날 때까지 개인당 5만원 택시비를 쥐어주며 수십만 원 쓰는 걸 아무렇지도 않게 여겼다. 결국 매달 수입보다 지출이 클 수밖에 없었다.

남편은 카드가 있어도 현금 결제가 기사님을 위하는 거라며 택시를 탈 때면 현금으로 지불하기를 고집했다. 택시비가 1만원 남짓 밖에 나오지 않았는데도 지갑에 5만원 지폐만 있다며 잔돈을 거절하고 내리는 걸, 함께 택시에 탔던 아들이 보고 내게 말해준 적이 있다. 그리 큰돈이 아니라고 할 수도 있지만 남편이 아무렇지도 않게 돈을 쓸 때, 나는 그 돈을 아끼기 위해 노력하고 있다는 걸 생각하면 분하고 억울한 심정이 들었다.

나는 간절히 원하면 이루어진다는 메시지를 담은 자기계발 서적을 좋아한다. 이런 책에는 부자의 마인드로 부자처럼 돈을 써야 부자가 될 수 있다는 조언이 종종 등장한다. 그렇지만 내 남편이 부자인 것처럼 펑펑 쓰면 '곧 부자가 될 거야'라는 기대를 갖기보다 제 앞가림도 못하는 '경제관념 제로' 무책임한 남자로 여겨졌다.

하지만, 갑자기 일어나는 문제는 없는 법이다. 나는 이미 연애시절, 그리고 결혼식을 준비하면서 남편과 나의 경제관이 무척 다르다는 것을 이미 알고 있었다. 둘 다 자신을 위해 과소비하는 스타일이 아니다. 고급 브랜드도 모르거니와 비싼 옷이나 장신구 등에 관심이 없다. 다만, 남편은 타인의 시선에 매우 민감하고 자신의 사회적 지위에 상응하는 지출을 해야 한다는 강박관념이 매우 강하다. 이런 생각 때문에 마이너스 인생이지만 타인에게 베푸는 돈은 당시 내 기준에서 수용 한도를 넘어서게 지출하곤 했다.

남편은 경조사에 쓰는 돈의 규모도 컸다. 퇴직 후 친하지도 않은 회사

직원 결혼식을 위해서 먼 길도 마다하지 않고 갔다. 당연히 식사는 하지 않는다. 경조사비는 타인의 두 세배다. 그러면서 자신의 경조사는 절대 알리지 않는다. 다른 사람이 이렇게 행동하면 존경하며 청렴의 대명사라고 치켜세웠을 텐데, 남편을 보는 내 시선은 삐딱하기 이를 데 없었다. 이렇게 타인과 남편을 이중 렌즈를 끼고 바라보다 보니, 남편의 허세끝판왕 사례와 만날 때마다 느껴지는 이율배반적인 감정 앞에서 나는 수시로 속수무책으로 무너졌다.

강요된 모성본능

아이들이 어릴 때 양육부담을 놓고 남편과 자주 다퉜다. 주말부부로 살면서 주중에 가사와 육아에서 완전히 해방되어 있는 남편과 달리 나는 주중에도 퇴근하면 아이들을 돌봐야했다. 물론 친정어머니께서 많이 보살펴주셨지만 엄마의 역할을 도외시할 수는 없었다. 잠깐 주말에만 아이들을 보는 남편은 주말에 집에 와서도 피곤하다며 잠만 자기에 바빴다. 이런 남편을 도저히 이해할 수 없었고 이해하고 싶지도 않았다. 특히나 두 아이가 아직 어릴 적에는 양성평등업무를 담당하면서 공정한 성역할에 대해 관심이 매우 높았던 때라서, 주말에만 만나는 남편에게 화를 내기에 급급했다. 남편과 싸우면 믿었던 친정어머니마저 "우리 착했던 딸이 왜 이렇게 변했을까?"라며 주저 없이 사위 편을 드시곤 했고, 그게 더욱 내 화를 부채질했다.

큰 애 출산 후 9개월 만에 둘째를 갖게 되면서 어린 두 아이를 함께 키우는 게 버거웠다. 둘째가 한 달이 되었을 때, 남편 관사에서 따로 한 달을 키우게 됐다. 말 안 통하는 신생아와 24시간 함께 하면서 살림까지 병행하느라 힘들었지만, 나를 더 힘들게 한 것은 남편의 부재와 무관심이었다. 매일 야근하며 11시가 넘어 퇴근했다가도 직장 동료가 술 한 잔 하자고 부른다며 다시 나가는 경우가 허다했다. 그 직장 동료 중에는 신임 여검사로 부임한 내 고등학교 친구도 있었다. 새내기 아빠는 이렇게 자의, 타의로 아빠 역할을 연습할 시간을 갖지 않아 계속 미숙한 아빠로 남게 됐고, 나는 심리적, 신체적 탈진을 거듭하면서 남편에 대한 마음도, 몸도 싸늘히 식어가기 시작했다.

막내가 돌을 막 지난 무렵부터 시어머니와 함께 살게 되면서 남편과 갈등은 더욱 고조됐다. 남편에게 뭔가를 요구할 때마다 시어머니께서 나서서 해결하시거나, "남자는 그런 거 못한다."며 질색하셨기 때문이다. 하지만 중요한 긴, 나도 해보기 전에는 '그런 거' 해본 적이 없었다는 거다. 나 역시 아이를 낳기 전까지 엄마 되기에 대해 배워본 적이 없었다. 남편이 새내기 아빠 노릇에 서툴 듯이 나 역시 초보엄마에 불과했지만, 어느 누구도 나의 시행착오를 허용하지 않았다. 마치 아이를 낳자마자 아이에 대한 애정이 무한대로 샘솟아야 하고, 밤잠을 설치더라도 모유수유는 하면서 응당 엄마의 노릇에 충실해야 한다고 말이다.

　이런 가부장적인 문화는 비단 한국만의 전매특허는 아니다. 전 세계적으로 만연한 현상이기도 하다. 하지만 이렇게 육아와 돌봄으로부터 자유로울 '특권'은 아빠들에게 더 기대를 하지 않게 하고, 이 특권에 익숙해진 남편들은 아빠역할을 연습할 기회에서 배제된다. 때로는 시어머니를 비롯한 시댁이 강력한 구원투수로 등장하기도 하고, 더러는 믿었던 친정마저도 사위 편에 서기도 한다.

　이런 문화 속에서 전통적인 성역할 규범에 익숙해져버린 남성과 조화로운 가정을 꾸리려면 두 가지 선택지밖에 등장하지 않는다. 이 남자를 받아들이거나, 이 남자와 헤어지거나. 나는 결혼생활 22년 동안 절반은 전자를 위해 노력하고, 절반은 후자를 위해 노력해왔다.

　한동안 즐겨봤던 연애 관련 프로그램이 있다. 이 리얼리티 쇼에 등장하는 이들은 얼굴도 안보고 대화만으로 결혼할 사람을 정한다. 마음에 드는 상대를 찾게 되면 10일 안에 결혼을 약속한다. 이후에 얼굴을 보고 약 한 달 정도 함께 시간을 나누며 결혼 여부를 결정하게 된다.

　한 번은 한국계 여성이 등장해서 더욱 관심을 갖고 시청했다. 그녀의 부모는 전통적인 성역할이 바뀌어 엄마가 경제활동을 하고 아빠는 별다른 직업 없이 딸을 키우고 가사를 전담했다. 그녀는 결혼을 앞두고 심리적으로 큰 갈등을 겪을 때 아빠와 대화를 나누고 마지막 순간까지 정서적으로 아버지에게 의존했다. 그녀는 아버지와 유대가 매우 강했다. 결국 자녀와 부모 간의 애정은 엄마인지 아빠인지 성별이 중요한 것이 아니라 많은 시간을 함께 하는 이와 형성되는 것이다.

동물의 관계에서도 이와 비슷한 사례가 목격된다. 보노보는 수컷이 새끼를 예뻐하지 않으면 암컷들이 연대해 덩치가 큰 수컷이라도 규모로 제압해 버린다. 또한 보노보는 공격성이 가장 낮은 수컷과 짝짓기 하는 것을 선호한다. 수컷 보노보에게 다정함과 친화력은 성공적 번식을 비롯해 생존승리를 거둘 수 있는 전략이 되는 것이다. 그 결과 수컷은 따뜻한 아비로서의 역할과 책임이 강력하게 각인된 유전자를 물려받고, '더 다정하게' 자녀를 돌보는 '우수한' 수컷 유전자가 세대를 이어 대대로 전승될 수 있었다.

우리 사회에서 아직도 가사분담에 대한 성역할 문제가 사회적 이슈가 되는 것은 여성들이 다정다감한 남성을 배우자로 선택하기보다 경제적으로 기여도가 높은 남성을 배우자로 선택해왔기 때문이 아닐까? 하지만, 결혼해서 아이를 낳기 전까지 남성이 자녀를 잘 돌보는 다정다감한 성격인지를 알 도리가 없다. 남성이 가사를 돕지 않더라도 돈을 잘 벌면 계층사회에서 더 유리할 고지를 차지할 수 있었기에, 이런 점은 부차적인 문제로 치부해왔을 수도 있다.

나 역시 이런 사회의 주류 의식에서 예외가 아니었다. 연애시절부터 남편이 다정하지 않다는 것을 이미 알고 있었지만, 무뚝뚝하고 배려심이 부족하더라도 번듯한 직업을 갖춘 이가 반려자로 적당하다고 결정했다. 내 선택의 결과, 결국 아이의 학습을 챙기고, 가정학습 통지서를 읽고, 새 학기마다 준비물을 챙기는 건 내 몫이 되었다. 선생님과 소통하고, 아이들과 놀아주는 것도 내 역할이었다.

희생의 길을 걸어왔기에 여성의 헌신이 당연한 거라고 여기는 친정어머니와 시어머니가 계셨기에 이런 나의 삶이 부당하다는 생각이 들어도, 크게 반항하지 못하고 10년 이상을 살아왔다. 주말에 만나는 남편과 가끔 언쟁을 높일 때도 있었고 제대로 마음의 앙금을 풀지 못한 채 일요일 오후에 다시 주말부부로 돌아가는 경우가 비일비재했지만, 그냥 그저 그렇게 시간이 흘렀다. 이렇게 불쾌하고 불편한 마음을 쌓아두는 게 부부의 신뢰잔고를 갉아먹는 거라는 걸 아무도 알려주지 않았다. 아니, 알려고도 하지 않았던 것 같다.

세 아이가 모두 한참 엄마 손을 필요로 하던 2011년에 썼던 일기를 보면 숨 가빴던 워킹맘의 귀가길 단면을 읽을 수 있다. 아이들을 키우면서 이런 일상이 종종 펼쳐졌지만, 버거운 내 자녀양육 시간표 속에서 남편은 거의 부재중이었다.

어떤 귀가

마음이 바쁘다. 오후에 형님 전화를 받았다. 토요일 시아버지 제사 음식 준비를 위해 일찍 내려오라는 것이다. 하지만 아이들 일정이 만만치 않다. 큰 애는 오후에 암사동 유적지로 사회탐구를 가야 한다. 이제는 반이 달라 얼굴 보기 힘든 친구들을 한 달에 한 번 보는 소중한 시간이라 큰 애가 빠지겠다고 할 리 만무하다. 지난달에 교리공부를 위해 빠졌기에 이번 사탐을 더욱 손꼽아 기다리고 있는 중이다.

둘째는 친구 생일 파티에 초대받았다. 반에서 이야기를 나누며 제 딴에 친구라고 여기는 두 명 중 한 명의 생일이다. 둘째 생일에 그 아이 엄마가 각종 선물과 온갖 먹을거리를 풍성하게 준비해줬기에 일찌감치 그 애 선물을 사서 전해줄 날만 세어보던 중이었다. 올해 초 심리 상담을 받았을 때 둘째에게는 무엇보다도 친구를 만들어주는 것이 급선무라고 했기에 이 시간 또한 빼낼 수가 없다.

이런 고민을 토로하고 나니 결론은 하나였다. 내게 유일하게 주어진 토요일 아침, 아이들이 등교한 동안에 전 몇 가지를 부치기. 음식을 만들어야한다고 생각하니 준비할 게 많았다. 전 재료도 사야하고 전기 프라이팬도 하나 구입해야 한다. 마트에서 배달이 가능한 시간이 밤 9시까지이니 발걸음을 재촉해야 했다. 음식에 대한 조언을 구하기 위해 오랜만에 친정에 전화를 건다.

매일 바쁘다는 핑계로 연락이 뜸한 무심한 딸이지만 그런 딸을 나무라기보다는 안쓰럽게 여기는 엄마. 엄마가 평소에 주로 만드시는 전에 대해 이야기를 나누다 그다지 손이 많이 가지 않고 아이들도 좋아하는 새송이버섯전, 동태전, 돼지고기 동그랑땡, 햄맛살전을 하기로 했다. 배달이 가능한 시간에 간신히 맞춰 재료 구입을 얼추 마치고 아이들이 당부했던 아이스크림을 한보따리 샀다.

다행히 전철역에서 그리 멀지 않은 곳에 가전제품 판매점이 있다. 전기프라이팬을 보다보니 다이아몬드 코팅이 되어 있다는 가장 크고 비싼 제품이 마음에 든다. 시간이 없으니 바로 그 자리에서 결정을 하고 배달을 부탁했다. 그런데 배달이 안 된단다. 정 원하면 아무리 빨라야 토요일 오후쯤 가능하단다. 난 오전에 전을 부쳐야하는데...

갑자기 고민에 빠진다. 좀 더 작은 걸 가리켜봤지만 들어보니 무게는 대동소이하다. 책이 들어있어 무거운 내 가방, 배달이 안 되기에 들고 다니던 아이스크림 한 보따리. 여기에 과장 조금 보태면 내 가슴팍까지 닿을 것 같은 어마어마한 무거운 전기 프라이팬까지 끙끙대며 언덕길을 올라간다? 아무리 생각해도 답이 안 나왔다.

하지만 선택의 여지가 없다. 결론은 이미 하나다. 내가 감당할 수 있느냐가 남아있을 뿐. 몇 번을 쉬어가며 끙끙대고 옮기다 결국 집에 전화를 했다. 딸에게 내 가방과 보따리라도 맡기면 좀 더 자유롭게 처치 곤란한 커다란 네모 프라이팬과 친해질 수 있을 것 같았다. 박스를 묶은 노끈을 잡으면 이내 손이 아파오고 옆구리에 차면서 걷자니 한 손으로 무게를 지탱하지 못해 끌리기 일쑤다.

가쁜 숨을 고르며 더 이상 올라가지 못하고 한참을 쉬고 있으니 그제야 헐레벌떡 뛰어오는 큰애와 둘째의 모습이 보인다. 목이 탈 것 같다며 하소연을 해서 이제 녹아가고 있는 아이스크림 하나씩 손에 쥐어준다. 좀 더 무거운 가방은 큰 애에게, 부피는 크지만 무게는 별로 안 나가는 아이스크림 봉지는 둘째에게 맡기고 나는 프라이팬을 아예 품에 안았다.

얼마 안 가 이제는 아이들이 끙끙대는 소리가 들린다. 어느새 아이들이 저렇게 커서 이렇게 내 짐을 덜어주는구나 하는 흐뭇한 생각에 미소를 지어본다. 그런데 조금 더 생각해보니 '아이들이 없다면 오늘 이렇게 힘든 귀가를 할 필요도 없을 텐데'라는 데까지 생각이 미친다. 어떤 게 더 좋은 건지 잘 모르겠다. 상황을 바꿀 수 없으니 아이들과 함께 오손도손 짐 나눠가며 걷는 이 순간을 즐기기로 마음먹고, 정육점에서 동그랑땡용 다진 돼지고기를 넉넉하게 샀다.

그리고도 대략 3~4분을 올라가니 아직 파하지 않은 장이 보인다. 아파트 단지 안에는 일주일에 한 번 먹거리 장이 선다. 어머니가 가장 좋아하시는 순대, 옥수수 등을 파는 포장마차는 인기가 많아 9시가 안되어 항상 자리를 정리한다. 남은 건 족발과 목 삼겹 포장마차. 짐도 많고 먹을 것도 많기에 그냥 지나치려다 어머니 얼굴을 떠올려본다.

오늘 아침에 수면내시경을 하셨지만 아무도 동행할 수 없어 홀로 병원에 가서 어지러운 가운데 집으로 오셨을 게다. 세 아이들 틈바구니 속에서 오늘 또 얼마나 진을 빼셨을까 생각해보니 아무래도 그냥 지나칠 수가 없다. 가장 큰 걸로 하나 골라 쓰는 중에 막내를 업고 나와 계신 어머니를 만났다. 푸석푸석한 얼굴이 몹시 피곤해 보이신다. 권해 드리는 족발 한 점을 퉁명스럽게 내치며 끝내 사양하신다.

이제 집까지 남은 길은 계단 수십 개. 신발도 안신은 채 할머니 등에 업혀 있는 막내. 엄마 가방을 메고 이리 저리 뒤뚱거리는 큰 애. 덜 먹은 아이스크림을 한 손에 들고 아이스크림 봉지를 질질 끌고 가는 둘째. 아직도 익숙해지지 않은 큰 프라이팬에 조금 전에 산 족발까지 손에 들고 위태롭게 계단을 올라가는 나.

엘리베이터 안에서 한바탕 소란을 피우던 중에 문이 열린다. 오른쪽 옆구리에 막내 허리를 낀다. 왼쪽 옆구리에는 가로 70cm, 세로 35cm, 여름철에 부지런히 사서 나르던 수박보다도 훨씬 더 무겁게만 느껴지는 프라이팬을 붙인다. 엘리베이터 문이 열리고 딸내미가 현관문을 열고 말발굽을 세우는 10초도 채 안 되는 순간이 영겁의 시간처럼 느껴진다.

초인적인 힘을 발휘해 막내와 프라이팬을 마루에 놓으니, 나의 1시간에 걸친 귀가 대장정의 막을 내린다. 마음도 바쁘고 숨도 가빴던 그 날. 세 아이 엄마는 힘이 셌다. 힘 센 세 아이 엄마, 오늘도 건투를 빈다.

존중받지 못하는 전교 1등

결혼 전 친정에서 나는 꽤나 귀한 대접을 받았다. 지방 소재 여중, 여고를 다니는 동안 전교 1등을 도맡아하곤 했기 때문이다. 부모님은 공부 잘하는 나를 매우 자랑스러워하셨고, 어른들에게 존중받는 느낌은 꽤나 기분 좋았다. 독보적인 존재로 자리매김하며 살아왔건만 시댁만 가면 나는 '있지만 없는' 존재가 되어 버렸다. 시댁에서 주인공은 나보다 더 빛나는 남편이었고, 내게 주어진 역할은 이런 남편이 성공할 수 있도록 내조하는 것에 불과했다.

시댁에 갈 때마다 존중받지 못한다는 생각에 억울했던 나는, 은연중에 남편에게 경쟁의식을 느끼게 됐다. 끊임없이 성장하고 싶다는 갈망을 크게 느껴서 대학원에도 진학했다. 현실에 안주하지 않고 주경야독 생활을 하며 치열하게 사는 나를 기특하게 여기셨던 친정 부모님과 달리, 시어머니 눈에 비친 나는 '쓸데없는 짓'에 '돈 쓰는' 이해할 수 없는 며느리에 불과했다. 남편의 야근과 주말근무는 당연한 거지만, 내가 야근을 이어갈 때는 '욕심 많은 여자' 프레임에 갇혔다. 이런 까닭에 박사과정 유학을 가겠다고 밝혔을 때 시댁이 만류하는 게 전혀 놀랍지 않았다.

남편만 성공의지가 있는 건 아니었다. 나 역시 고시를 합격했을 때는 세상에 긍정적인 변혁의 바람을 불러일으키는데 기여하고 싶다는 열망이 컸다. 하지만 이런 나의 포부를 이해해주는 이는 없었다. 친정도 시댁도. 남편의 형제 중 대학을 나온 이는 남편이 유일하기에 내가 하는 일을 이해하는 이들이 없었다. 국제협력 업무를 맡아 해외출장을 자주 나가야 할 때 "요즘은 출장을 담당하는 업무를 맡고 있나?"라고 궁금해 할 정도로 공직에 대한 이해도가 낮았다.

시댁은 빤한 공무원 급여를 알려줘도 믿지 않았다. 그거 말고 따로 받는 돈은 얼마나 되냐며 묻곤 했으니. 공무원 봉급은 〈공무원보수규정〉이라는 법령에 따라 매년 정해진다. 내가 공직을 시작할 즈음 5급 1호봉은 95만원 남짓, 3급 1호봉은 125만원 남짓이었다. 지금 나는 성과연봉제 적용 대상이라 모든 수당이 한꺼번에 봉급에 포함되어 매달 받는 급여 액수가 똑같다. 하지만 이때는 5급에게 아직 성과연봉제가 적용되기 전이라, 특별한 달에 지급되는 수당이 몇 개 있었다. 그럼에도 나와 남편 모두 직장생활을 시작한 지 얼마 안 된 새내기라 수당 혜택을 그렇게 크게 누릴 수 없었다. 이 모든 걸 솔직하게 털어놓아도 주변에 공무원이라고는 우리 부부가 전부인지라 시댁 분들이 좀처럼 내 말을 믿는 것 같지는 않았다.

시댁에 대한 반감이 급속도로 커졌던 것은 시댁의 음주문화에 대한 솔직한 내 마음을 밝힌 후였다. 시댁 남성 세 분은 사이좋게 술자리를 시작했다가도, 과음으로 이어져 술에 취해 고성방가를 일삼는 경우가 무척 많았다. 이것만으로도 한심하다고 생각하고 있었는데, 한 번은 시숙께서 술에 잔뜩 취해 내게 훈계하기 시작하셨다. 한동안은 조용히 경청하는 척 했지만, 만취한 이들의 특징인 '한 말 하고 또 하기'를 참아내기가 무척 힘들었다. 참다 참다 결국 딱 한 마디 했다. "앞으로는 하실 말씀 있으시면 술 안취한 상태에서 맨 정신으로 하시면 좋겠다."고. 나의 용기 있는 단호한 한 문장 탓에 시댁이 발칵 뒤집혔다.

시숙님은 시집 온 지 얼마 되지도 않은 제수씨가 건방지게 감히 말대꾸를 한 것도 괘씸한데, 말의 내용이 더욱 기가 찼다고 여기셨는지 나를 붙잡고 계속 하소연을 하셨다. "내가 제수씨를 얼마나 아끼는데, 이런 내 마음도 몰라주고 서운하게 이렇게 이야기하느냐?"며 나를 놓아줄 기미를 보이지 않으셨다. 당돌한 제수씨에게 단단히 화가 났던 시숙께 나는

45

머리 조아리며 죄송하다는 사과를 연신 해대야 했다. 시숙님은 이후에도 술만 취하시면 이 사건을 언급하시며 혹시 재발할지 모를 나의 만용을 사전에 차단하셨다. 내 자존심에는 스크래치 제대로 새겨졌고, 시댁에 대한 내 마음의 바리케이드는 더욱 높아만 갔다.

음주 외에 대표할만한 남성 간 문화가 척박한 우리나라는 유독 음주에 관대한 듯하다. 아무리 극악무도한 범죄를 저질러도 술 취해 인사불성 상황에서 저지른 실수라고 말하면 주취감경이 적용된다. 최근 주취감경에 대한 비판의 목소리가 커져서 국민 법 감정에 부응하기 위해 양형위원회가 양형기준을 보완하고 있기는 하다. 범행 고의성이 없어도 만취상태를 이유로 감형을 할 수 없도록 하고, 범죄를 저지른 후에 면책사유로 삼기 위해 술을 마시는 경우에는 오히려 형을 가중하도록 가이드라인을 마련한 것이다. 그럼에도 여전히 우리나라가 '술 취한 자'에게 너그럽다는 인식을 떨쳐버리기 어렵다.

내 눈에 비친 시댁은 대한민국의 이런 문화를 고스란히 간직하고 있고, 가끔씩은 술에 무한대 관용을 베푸는 것처럼 보였다. 비합리적으로 보이는 시댁의 관행을 개선하고 싶었지만, 나는 아무 힘없는 막내며느리에 불과했다. 친정에서, 학교에서, 직장에서 내가 하는 말들이 무게감 있게 받아들여지는데 익숙했던 나는, 지금까지 받아온 대접과는 상반되는 경험을 해야만 하는 시댁이 점점 더 싫어졌다.

제2장
빙하기

남편이 사라졌다

내가 아이 키우고, 직장에 적응하며 분초를 다퉈가며 정신없이 살 동안 남편은 남편 나름의 스펙터클한 삶을 이어가고 있었다. 사명감을 갖고 고군분투하며 수사했던 일이 허사로 그쳐버리고 양심에 반하는 업무를 담당하는 일이 계속되면서 남편은 조직에 대한 실망감을 갖게 되었던 것 같다. 사직서를 가슴에 품고 다니며 퇴직하고 싶다는 말을 여러 차례 했다. 트럭을 몰며 배추를 팔 계획인데 자신을 이해해줄 수 있냐고 물었다. 당시 나는 뱃속에 막내를 임신한 상태였다. 직장에서 정신적, 신체적 스트레스가 심한 남편이 무엇보다도 건강을 되찾는 것이 중요하다고 생각했기에 그의 뜻에 따르겠노라고, 뭘 해도 굶어죽지는 않을 거라며 남편을 위로했다. 실제로 남편은 사직서를 제출했지만 당시 상사였던 부장검사가 반려하셨다.

당시만 해도 남편이 없는 삶은 상상조차 할 수 없었기에 남편이 직장일로 힘들어하는 것쯤은 내가 온전히 품을 수 있을 거라고 생각했다. 하지만 남편이 받는 스트레스의 강도가 더욱 거세졌고, 더 이상 홀로 감당하기 어려운 지경에 이르렀다. 불안과 망상이 심해져서 나를 비롯한 가족들에게 상처가 되는 말을 곧잘 했다. 우리는 전문가의 도움을 받기로 했다.

집근처 정신과 병원부터 찾았다. 남편은 초반에는 상담에 협조적이었지만, 점점 병원도 신뢰하지 않게 됐다. 남편을 진료한 의사는 남편이 스트레스에 약한 유전자를 타고났다고 했다. 남들은 견디는 상황도 남편에게는 더욱 심한 스트레스 상황으로 인식된다는 거였다. 종합병원 진료도 받고 프로작을 비롯한 약도 처방받았지만, 약의 부작용으로 수시로 찾아드는 감정 고조를 견디지 못한 남편은 약 복용도 중단했다.

마지막으로 병원을 방문한 날, 나만 따로 남긴 의사는 이혼을 권했다. 아직 세 아이가 어리고 망상은 완치가 어렵고 재발 가능성이 높다는 이유 때문이었다. 하지만 아직 막내를 임신한 만삭의 몸으로, 어리기 그지없는 두 아이를 직장생활을 병행하면서 홀로 키우는 것은 도저히 상상할 수가 없었다. 비교적 보수적인 조직문화를 떠올려보니, '이혼녀'라는 꼬리표를 달면서 직장생활을 이어나갈 자신도 없었다. 나는 '언젠가는 남편 상태가 호전되겠지'라는 일말의 희망을 버리지 못하고 힘들게 하루하루 버텨나가는 것을 선택했다.

정작 이혼을 제안한 사람은 내가 아닌 남편이었다. 직장에서 얻게 된 마음의 병으로 개인적인 삶도 꾸리기 힘들어진 남편은, 어느 날 내게 일방적으로 이혼을 통보했다. 무슨 이유 때문인지는 아직도 알지 못한다. 그때나 지금이나 남편은 자신의 개인적인 감정을 토로하는 것을 금기시하기 때문이다. 그때 일들이 내겐 너무나 큰 상처로 남아있기에 나도 그 당시 상황에 대해 더 이상 캐묻지 않는다. 물어봤자 남편은 입을 다물어버릴 게 뻔하고, 나 역시 내게 큰 아픔이었던 그 때를 굳이 떠올려 다시 힘들어지고 싶지 않기 때문이다.

아이들과 함께 살면 상황이 나아질 거라는 희망에 친정에 있던 아이들을 모두 데려와 살려고 아파트 전세까지 얻었지만, 남편의 이해 못할 행동은 오히려 더 심해지기만 했다. 어느 날 가출을 단행한 것이다. 내 전화도 안 받고 메일을 써도 답이 없었다. 사무실로 전화해서 출근한 것을 확인한 후에, 무작정 남편 회사로 찾아갔다. 남편을 만났지만, 입술을 굳게 다문 채 아무런 말이 없었다. 왜 집을 나갔는지, 언제 돌아올 것인지 궁금했지만, 아무런 답도 듣지 못한 채 되돌아올 수밖에 없었다.

2009년 겨울 문턱, 그렇게 남편은 홀연히 내 삶에서 사라져 버렸다. 언젠가는 내 집을 마련해, 세 아이를 키우며 행복하게 함께 할 미래를 꿈꿔왔는데, 이제 부모로서 역할이 모두 내 몫이 되어버린 것이다. 힘들었지만, 내가 감당해야한다는 현실을 서서히 받아들였다. 내 급여만으로 세 아이를 키우는 것이 버겁다고 느낀 나는 이직을 심각하게 고려했다. 퇴근 후에 스피치 학원을 다니며 전문 강사가 되기 위한 준비를 했다. 한편, 매일 서너 시간만 자면서 부지런히 책을 읽었다. 다양한 장르의 책을 가리지 않고 읽었지만, 당시 내게 가장 힘이 되었던 것은 긍정적인 미래를 꿈꾸게 해주는 자기계발 서적이었다. 책을 통해 나보다 더 어려운 여건에서도 꿋꿋하게 역경을 이겨낸 이들을 만나면서 아무리 힘들더라도 희망을 버리지 않겠다는 다짐을 스스로 하게 됐다.

폭풍전야 잠시의 평화

남편은 결국 다시 돌아왔지만 이제 나는 더 이상 정서적으로 남편에게 기대지 않았다. 휴식이 필요하다는 것을 절실하게 느낀 남편은 휴직을 했다. 심신의 건강을 챙기는 것이 절실하게 필요했던 남편은 영어공부도 하면서 재충전을 했다. 재미를 붙였는지 복직 후에도 영어 학원을 다니던 남편은 어느 날 내게 유학을 권했다. 1년간 토플학원을 다니며 유학시험을 준비했지만 자신이 합격하기에 영어시험이 너무 어렵다는 것을 알게 됐다며 내게 바통을 넘긴 거다. 조직기여도가 인정되고 우수한 영어성적을 거두면 남편도 나도 유학을 갈 수 있는 기회가 있었다.

당시 나는 공무원을 그만 두고 다음 직업으로 선택해야겠다고 결심한 전문 강사의 길이 녹록치 않다는 것을 깨닫고, 본업에 전념하기로 마음먹은 터라 매우 바빴던 시기였다. 하지만 남편의 제안을 들으니 '해외라는 낯선 공간에서 새로운 삶을 시작하면 아슬아슬하게 유지되어 온 남편과 내 관계에 돌파구가 마련될 수도 있겠다'라는 희망이 생겼다. 유학을 가기로 목표를 정했지만, 이 길 또한 험난했다. 내가 가고 싶은 영미권 국가는 경쟁이 매우 치열했다. 1차 유학관문 통과를 위해 일단 인기가 높아 탈락 위험이 있는 미국과 영국을 포기했다.

캐나다로 국가를 정한 다음, 저명한 대학들의 입학허가 최소기준을 알아보니 꽤 높았다. 가장 가고 싶은 밴쿠버에 있는 브리티시 콜롬비아 대학(UBC)의 박사과정 입학 조건은 인터넷 기반 토플시험인 iBT 120점 만점에 100점이었다. 토플 공부를 해본 적이 없어서 일단 새벽반 학원을 한 달 간 수강했다. 학원에서 알게 된 분과 카페가 오픈하는 아침 6시30분에 맞춰 만나 출근 전에 한 시간 동안 말하기 스터디를 했다. 점심때도 김밥 한 줄로 때우면서 회사 빈 공간에서 작문공부를 했다. 야근이 없는 날에는 무조건 집근처 도서관으로 발걸음을 옮겨 도서관이 문을 닫을 때까지 청해와 독해공부를 이어갔다.

이번이 우리 가족에게 주어진 마지막 기회일 거라는 예감에 혼신의 힘을 다한 결과, 다행히 다음 해에 캐나다로 떠날 수 있었다. 박사과정에 합격해 또 다시 어려운 공부를 해야 하는 나를 도와 남편이 아이들을 돌봤다. 요리와 의사소통은 내가 전담하고, 남편은 운전과 장보기, 청소를 담당했다. 매일 아이들 등하교를 돕는 운전을 하면서 남편은 비교적 규칙적인 생활을 할 수 있었다.

아이들이 다니던 학교는 초등학교와 중학교가 합쳐진 신설 공립학교였다. 아직 학교건물이 완공되지 않아 학기 초반에는 컨테이너 박스와 같은 임시교실에서 수업을 받았다. 조금씩 학교 시스템이 갖춰지면서 아이들이 등하교 스쿨버스를 이용할 수 있게 되었고, 영어가 조금씩 익숙해진 세 아이들도 스쿨버스로 학교를 오가는 일이 잦아졌다. 어느 날 남편이 아이들을 스쿨버스에 태워 등교를 시킬 때 옆에 서있던, 남편처럼 육아를 전담하던 외국인 남성이 벚나무를 가리키며 뭔지 아냐고 물어봤다고 한다. 남편처럼 공부하는 아내를 둬 무료했던 그 이웃은 아마도 남편과 친해지고 싶었는지도 모르겠다. 하지만 벚꽃이 영어로 뭔지 몰랐던 남편은 알고 있는 외국어인 '사꾸라'라고 답했고, 이후 그 남성은 남편을 영어를 못하는 일본인쯤으로 여기고 더 이상 말을 걸지 않았다고 했다.

영어로 자유롭게 의사소통하지 못했던 남편이 적극적으로 현지생활에 적응하는 것은 무리였다. 그럼에도, 휴직하고 캐나다에서 함께 1년을 보내면서 남편은 무척 평화로워보였다. 한국에서 위기일발 상황에서 살았던 나 역시, 오랜만에 긴장을 내려놓고 마음껏 행복을 누릴 수 있었다. 캐나다에서 우리는 처음으로 우리 가족 다섯 명만 오붓하게 살아봤다. 한국에서는 아이를 키울 때 친정이나 시댁의 도움을 받느라 우리끼리만 살아본 적이 없었다. 막내가 돌이 될 무렵까지는 친정어머니께 육아를 전적으로 도움 받았기에 주말마다 아이들을 보러 친정 지방행을 했다. 이후 5년간은 시어머니와 함께 살면서 육아도움을 받았다. 이런 까닭에 우리 부부, 둘이 고민해서 해결해야 하는 문제인데도 늘 친정 부모님이나 시댁 어른들이 개입되어 필요 이상으로 상황이 복잡해지기도 했다.

남편과 나, 세 아이만으로 구성된 온전한 독립가족의 모습으로 딱 1년을 함께 하면서 남편은 드디어 직장과 친인척으로부터 받는 온갖 스트레스에서 자유를 경험했다. 한국에서 일할 때 남편은 자신을 '사건 떼는 기계'라고 칭하고는 했다. 매달 약 300건에 가까운 사건이 배정되기에 다 해결하기 위해 늘 야근을 했다. 주말근무도 거의 필수였다. 사건 당 백 페이지를 훌쩍 넘는 기록을 꼼꼼하게 살펴보고 필요하면 참고인과 피의자도 면담해야 했다. 남편은 배당된 각각의 사건에 매우 제한된 시간과 에너지를 쏟을 수밖에 없었지만, 피의자는 자신의 인생이 걸린 문제이기에 모든 정보력과 인맥을 총동원해 필사적으로 방어했다.

이렇게 날선 매서운 긴장상태로 하루 대다수 시간을 보내야했던 남편은 어느새 변해갔다. 처음 만났을 때, 남편은 말투는 냉소적일 때도 있었지만 표정만은 늘 웃음기 가득한 밝은 얼굴이었다. 하지만 10년 이상 온갖 범법사건과 잠재 범죄자들의 거짓말에 쌓여 매일 매일을 보내게 된 남편은 더 이상 예전처럼 웃지 않았다. 세상에 대한 긍정적인 마인드와 자신감을 서서히 거둬들이고, 사람에 대한 의심과 부정적인 시선으로 가

숨을 채우게 된 것이다.

남편이 경험한 외국생활 1년은 국내에서의 삶과 매우 달랐다. 한국에서는 일에 대해, 자신의 삶에 대해 진지하게 고민할 짬도 없이, 밀려드는 일을 숨 가쁘게 해치우느라 정신없이 살 수밖에 없었다. 검사라는 사회적 지위에 기대하는 세간의 시선에 부응하기 위해 필요 이상의 지출과 감내하기 힘든 수준의 인내와 희생을 감당해야 했다. 친하게 지냈던 옛 친구가 오랜만에 연락해도 청탁으로 이어질 가능성이 보이면 아예 일찌감치 거리를 두는 바람에 인간관계가 단절됐다. 심리적 탈진과 신체적 고갈이 계속됐지만, 힘든 마음을 위로받고 지친 몸을 편히 쉴 데는 그 어디에도 없었다. 나 역시 고된 직장생활과 피 말리는 유학준비, 아직 엄마 손이 절실하게 필요한 어린아이들을 돌보느라, 힘들어하는 남편이 눈에 보이지 않았기 때문이다.

남편이 힘들다고 하소연할 때, 얼마나 힘드냐고 공감해주는 대신에 나는 '나 역시 힘들다'며 앙칼지게 대꾸했다. 시어머니께서 살림과 아이들 양육을 많이 도와주셨지만, 시어머니와 함께 산다는 것 역시 내게는 스트레스였다. 아직 어머니가 일어나시기도 전인 3~4시 이른 새벽에 일어나 냉기 도는 빈방으로 공부를 하러 갈 때도 눈치가 보였다. 며느리가 일어나서 아침을 준비하고 아이들 등교를 돕는 게 아니라 무슨 공부냐며 핀잔을 하지 않으실까 늘 마음이 불편했다. 그래서 어머니가 깨시지 않도록 살금살금 방문을 여닫고, 스탠드만 하나 켜서 공부를 하곤 했다. 어머니께 고마우면서도 죄송한 마음이 가득했지만, 한편으로는 서운한 마음도 그에 못지않게 커져갔다. 왜 같은 부모인데 엄마인 나만 이렇게 죄책감을 갖고 살아야하는 건지 부당하다는 생각이 가득했다. 같은 여자로서 어머니의 삶이 참 안타깝다는 생각도 들었지만, 며느리보다는 아들편에 서서 아들 입장을 대변하느라 급급한 어머니와 마주할 때마다 어머니에 대한 원망이 쌓여갔다.

시댁과 남편에 대한 정서계좌가 텅텅 비어있었기 때문에, 남편이 따뜻한 내 모습을 기대할 때도 내 정서계좌에서 인출할 배려와 위로잔고는 더 이상 없었다. 남편이 가장 다정한 나를 필요로 할 때, 나는 내 인생에서 가장 냉정한 모습으로 간신히 버티고 있었던 것이다. 다행히도 캐나다에서 우리 부부는 이런 한국의 삶과는 사뭇 다른 모습으로 살 수 있었다. 시댁의 간섭과 잔소리, 회사에서의 온갖 경쟁과 인간관계에서 오는 스트레스로부터 자유로워진 나는 한결 너그러워졌다. 학업을 따라가는게 버거웠지만, 내가 자유롭게 일정표를 꾸릴 수 있어 몸은 피곤해도 마음은 업무를 할 때만큼 힘들지 않았다. 덕분에 내가 미리 정해둔 기준을 벗어나는 남편의 사소한 일탈을 가끔은 감싸 안을 만큼 마음의 여유도 생겼다.

남편은 청소부로 살더라도 캐나다에서 계속 머무르고 싶다는 희망을 피력했다. 물론 불가능한 일이었다. 캐나다에서 영주 비자를 받으려면 돈이 많거나 전문 기술을 보유해야 했다. 하지만 수억 원을 들고 투자이민을 하거나, 의사와 같은 전문 직종으로 취업하는 것 모두 우리가 꿈꿔볼 수 없는 선택지였다. 그럼에도 우리는 행복했다. 경제적으로 여유가 없는 것은 한국에서와 마찬가지였지만, 형편이 여의치 않아도 마음이 편하면 기쁘게 하루를 보낼 수 있다는 것을 새삼 깨달았다. 어떤 상황을 바라보는 시선과 태도가 내 마음먹기에 달려있다는, 식상하지만 지혜로운 진리를 온 몸으로 느끼게 된 시간이었다.

물가가 비싼 밴쿠버에서 경비를 아끼려면 최대한 빨리 박사과정을 마쳐야했기에 나는 다시 고시생이 되었다는 마음가짐으로 학업에 전념했다. 아이들 학비는 내가 공부를 하는 탓에 무료였고 박사과정 학비도 미국보다는 저렴한 편이었지만, 매달 꼬박꼬박 나가는 지출이 만만치 않았다. 기숙사에서 사는 데도 방값으로 한 달에 200만원 가까이 내야했고, 각종 생활비도 많이 소요됐다. 유학경비는 1년 10개월까지만 지원되기에, 이후는 그동안 해 둔 저축이나 미리 만들어간 마이너스 통장을 통해 해결해야 했다. 긴축재정이 불가피했다.

다행스럽게도 아는 사람이 없으니 허세 부릴 일이 없어 남편의 과소비 습관은 자연스럽게 개선됐다. 지출규모가 커진 건 오히려 나였다. 세 아이들에게 친구들을 만들어주기 위해 종종 아이들 친구들과 엄마들을 잔뜩 초대하곤 했기 때문이다. 한 번 초대할 때마다 적게는 대여섯 명에서 많게는 서른 명분까지 음식을 준비하느라 식재료 구입비가 만만치 않게 들었다. 생활비에서 식사 경비가 차지하는 엥겔지수가 치솟는 것이 부담스러웠지만, 영어실력보다 더 빠른 속도로 일취월장하는 내 요리 실력에 자아도취되어 초대 퍼레이드를 귀국 직전까지 이어갔다.

당시 나는 매일 도시락을 다섯 개 싸는 것으로 아침을 열었다. 도서관 개관부터 폐관시간까지 공부하는 나를 위한 점심, 저녁 도시락, 그리고 세 아이들의 점심을 챙겨야 해서 매일 꽤나 분주했다. 집에 돌아와서는 영어가 익숙하지 않은 아이들 공부를 살피고, 한국 나이로 일곱 살이 된 막내에게 한글을 가르치느라 정신이 없었다.

낯선 시공간에서의 삶에 적응하느라 남편과 싸울 여유도, 여력도 없었다. 새로운 곳에서 가족의 생존과 적응이라는 부부 공동의 미션을 해결하기 위해 힘을 모으느라 불필요한 감정싸움에 예전만큼 기력을 소진하지 않게 된 거다. 아이들 교육과 소비 패턴을 둘러싸고 남편과 사소한 다툼은 종종 있었지만 한국에서처럼 격렬한 싸움으로 번지지는 않았다.

캐나다 체류 시기는 우리 가정의 '요순시대'였다. 하지만 안타깝게도 이런 호사를 오래 누릴 수는 없었다. 나는 내 앞에 도사리고 있는 또 다른 큰 위기에 대해 전혀 감도 잡지 못하고 있었다.

연금법 개정이 앞당긴 퇴직

남편에게 허용된 휴직기간은 최대 1년이었다. 귀국을 눈앞에 두고, 남편은 직장을 그만두고 가족 곁에 더 머물고 싶어 했다. 하지만, 퇴직을 용인할 만큼 나는 성숙하지 못했다. 대신, 남편의 독수공방 기간을 단축하고 돈을 아끼기 위해 공부에 매진했다. 한국인 특유의 집념과 열정을 발휘해 캐나다 현지인은 보통 5~6년 정도 걸려 끝낸다는 박사과정을 절반 남짓 기간 만에 마치고 부랴부랴 귀국했다. 하지만 나를 기다리고 있는 건 다시 나빠진 상태의 남편이었다.

귀국을 더 서둘렀던 건 가끔씩 통화할 때 느껴지는 남편 상황이 예사롭지 않게 느껴졌기 때문이다. 홀로 한국에 남겨진 남편은 전화할 때마다 퇴직하고 싶다는 이야기를 꺼내곤 했다. 남편의 고통에 대해 전혀 공감하지 못하는 건 아니었지만, 퇴직 후 삶에 대해 아무 구체적인 계획도 없이 무작정 그만두고 싶다는 남편을 이해하고 싶지 않았다. 결국 나는 남편을 위로해주기는커녕 어른답게 행동하라는 잔소리와 질책으로 대화를 끝내곤 했다.

내가 귀국한 지 두어 달 후에 남편은 퇴직하겠다는 의사를 알렸다. 남편 입장에서는 '상의'라고 여겼는지 모르겠지만, 내가 만류해서 돌이킬 수 있는 상황이 아니었으니 내게는 일방적인 통보나 다름없었다. 홀로 감당하기가 어려워 시어머니께 도움을 요청했다. 남편은 과음하고 귀가해 술의 힘을 빌려 어머니께 속내를 털어놓았다. 돌아가신 시아버지를 언급하며 자신도 할 만큼 했으니 이제는 쉬고 싶다며 호소했다.

내가 남편을 처음 만났을 때 시아버지 되실 분은 이미 심한 알콜 중독 상태셨다. 이 분은 40대에 집안에 들어앉아 가끔씩 경운기 모는 것만 하셨다고 한다. 시어머니께서 모든 것을 책임지고 홀로 돈을 벌게 된 지 오래였다. 남편을 가질 때도 시아버님은 이미 알콜 중독 기미가 보였다고 하니 책임감 없게 건강하지 못한 유전자를 물려주신 시아버지가 새삼 원망스럽기만 하다.

남편은 만 마흔다섯에 퇴직을 감행했다. 시아버지가 경제활동에 더 이상 참여하지 않게 된 딱 고 나이쯤에 남편도 아버지의 전철을 밟은 것이다. 사기업이라면 그리 늦은 퇴직이 아닐 수도 있지만 공공부문에서는 이렇게 일찍 제 발로 나가는 건 흔하지 않은 케이스다. 조기퇴직을 못내 못마땅하게 생각하는 내게, 남편은 연금법이 개정돼 10년만 근무해도 만 60세가 되면 연금을 받을 수 있다며 큰소리쳤다.

　퇴직을 했지만, 남편은 별다른 구직활동을 하지 않으며 귀한 시간을 허비했다. 답답해서 잔소리를 하는 내게, 변호사로 개업하려면 사무실이 필요하니 돈을 달라고 했다. 늘 버는 것 이상으로 써왔던 남편은 마이너스 상태였다. 처가 덕에 팔자 펴고 싶었다면 나와 결혼하지 말았어야 했다. 아마도 남편은 나와 만난 것을 후회했을 테다. 나 역시 그렇지만.
　나는 더 이상 남편을 믿을 수 없었다. 한심했다. 세 아이를 책임감을 갖고 키우려는 생각을 해야 마땅한 성인남성이 어린아이처럼 떼쓰듯 부인에게 자신의 미래를 책임지라고 하는 것처럼 여겨졌다. 그때는 하루아침에 실직자로 나앉은 무책임한 남편을 둔 '지지리도 복이 없는' 불쌍한 내 처지에 매몰되어 남편이 어떤 상황인지, 어떤 감정인지, 어떤 생각을 하는지 살펴볼 여력이 없었다.

　얼마 전에 가슴에 울림이 큰 글을 만났다. 이 세상에 아픔, 슬픔과 같은 고통을 겪지 않은 이는 단 한 명도 없다는 논조의 글이었다. 멀리서 볼 때는 마냥 행복하고 기쁘게만 사는 것 같아 보이는 사람도 가까이에서 보면 나름의 인생의 무게를 지탱하고 힘겹게 삶을 이어나가는 경우가 대다수다. 세상을 지혜롭게 살아가는 사람의 마음가짐을 그대로 보여주고 있기에 한참을 되뇌어봤다. 하지만 지금 이렇게 내게 감동을 선사하는 글이라 하더라도, 남편의 갑작스런 퇴사 충격에서 헤어나지 못했던 당시의 내가 이 문장을 만났더라면 아마도 제대로 눈에 들어오지 않았을 거다. 검사 남편이 하루아침에 백수로 탈바꿈해 버렸으니, 나는 세상에서 가장 가련한 여인이었다.

나는 매일 조금씩 줄어들었다. 심리적으로 위축됐다. 사람들을 만나는 게 싫었다. 다들 나를 불쌍하게 여기는 것 같았다. 동정 받는 게 싫었지만, 은근히 타인의 위로를 기대하는 내 속마음도 부담스러웠다. 친한 친구와 동료들에게 습관처럼 신세한탄을 늘어놓으며, 이런 힘든 상황을 꿋꿋하게 버텨내는 나를 칭찬이라도 해주기를 기대하는 내 자신이 가증스러웠다. 나만 바뀐 게 아니었다. 원래도 내성적이었던 아이들은 더 조용해졌다. 매사에 자신감을 잃은 우리 가족은 늘 으르렁대며 서로의 흠을 찾아내 공격하기에 바빴다.

하지만 스스로 씌어놓은 희생자 올가미에서 벗어나 조금 눈을 크게 뜨고 보니, 마흔 넘어 인생 하프를 지나온 이들 중 나름의 사연이 없는 이는 아무도 없었다. 주변 동료 중에도 나처럼 돈 안 버는 남편과 함께 사는 이들도 제법 있었다. 한 동료는 남편의 건강이 악화되어 퇴근 후에는 남편 수발까지 들어야 했다. 그 동료에 비하면 나는 훨씬 나은 상황이었다.

우리나라에도 이렇게 남편이 밥 짓고, 아이 돌보는 걸 주로 하고 여성이 홀로 경제활동을 하는 커플이 늘고 있다고 한다. 2021년에 발표된 통계청 자료에 따르면 2021년 8월 기준 비경제활동인구 중 가사와 육아에 전념하는 남성은 18만 8천 명이었다. 전년보다 1만 7천 명 더 증가한 수치다. 가사 전담러 남편 규모가 증가추세인 것이다. 물론 영구 전담이 아닌 육아휴직 등 단기적인 비경제활동인구일 수는 있다.

40대 남성 중 비경제활동인구 규모를 살펴보니 31만 6천 명으로 40대 전체 비경제활동인구 중 약 18%를 점하고 있다. 50대 남성 중 경제활동에 참여하지 않는 인구는 52만 명으로 전체 비경제활동 인구의 26%다. 40대에는 5명 중 1명이 경제활동을 하지 않는 남성이라면, 50대에는 돈을 벌지 않는 4명 중 1명이 남성이다. 생각보다 내 남편처럼 사는 이들이 대한민국에 제법 있다는 거다.

인생을 사는 데는 정답이 있을 수 없다. 하지만 나는 내가 미리 정해둔 모범답안지가 인생 정답이라고 여겼다. 예정해둔대로 삶의 여정을 꾸리고 싶었다. 계획대로 흘러가지 않으니 내 인생이 '틀린' 것만 같았고, 이렇게 오답 인생을 자초한 남편은 개선해야만 하는 대상으로 여겨졌다. 세상을 사는 데는 다양한 삶이 있을 수 있다는 것을 머리로는 익히 알고 있었지만, 정상치의 범주에서 상당히 벗어난 '아웃라이어'의 삶이 내 것이 되어버리니 가슴으로 받아들이는 게 너무 어려웠다.

망가진 손가락

나는 어렸을 때부터 어려운 가정형편 때문에 학교를 전혀 다니지 못하
셨던 친정어머니께서 무시당하는 것을 종종 목격했다. 이런 엄마를 보면
서 무시 받고 싶지 않다는 마음이 매우 강해졌다. 무식하다는 멸시를 받
지 않기 위해 공부를 쉬지 않았다. 나보다 힘이 세거나 권위를 지닌 자가
나를 위력으로 제압할까봐 늘 긴장상태로 지냈다. 누군가 내게 모멸감을
주는 언행이라도 하면 나 역시 뒷감당은 생각하지 않고 즉석에서 받아
쳤다. 이런 행태와 마음가짐이 몸 속 깊이 각인되어 '갑질'을 하는 사람을
만나면 필요 이상으로 과민반응을 보이곤 했다.

유년시절에 상처를 받은 사건들이 계기가 되어 사람마다 유독 민감하
게 받아들이게 되는 상황이 있다. 내게는 이런 경우가 나를 멸시하거나

조롱하듯이 말하고 행동하며 나를 존중하지 않는다는 것을 노골적으로 드러내는 이와 맞닥뜨릴 때였다. 이런 사람들과 소통할 때는 내 감정을 추스르기가 무척 힘들었다. 그들이 별 생각 없이 퍼붓는 말들도 내게는 비수가 되어 가슴에 꽂혔다. 직장에서도 이런 사람과 함께 일하게 될 때는 늘 조마조마했다.

사회생활 초기에는 아랫사람이라는 이유로 함부로 말하는 상사가 참 많았다. 나보다 나이가 많고 직급이 위라는 이유만으로 무례하게 행동하는 상사를 참는 건 무척 어려웠다. 나 역시 당돌하게 맞서 일을 키우곤 했다. 결국 경험할 필요가 없는 일들도 상당히 겪었다. 보고 중에 상사의 심기를 거슬리게 해서, 날아오는 결재판을 간신히 피한 적도 있었다.

입사 초, 직설적인 내 말투를 지적하며 화내던 어떤 상사는 "혹시 집에서 남편에게도 나에게 하듯이 그렇게 하느냐? 제발 남편에게는 그렇게 하지 마라."는 말로 훈계를 마무리한 적도 있었다. 몇 년 전에는 부하직원 여럿과 함께 보고하던 자리에서 무리한 요구를 계속 하던 상사에게 불공손한 태도로 퉁명스럽게 대꾸하다 오랜 시간 후폭풍도 겪었다. 상사의 분노를 온몸으로 받아내는 건 기본이고 그 상사가 퇴직할 때까지 온갖 눈총을 감당해야했던 것이다.

남편과 대화할 때, 유독 날선 대꾸를 하곤 했던 것 역시 어린 시절부터 쌓인 열등감이 크게 작용했다. 남편이 가르치는 투로 말하기 시작하면, 나를 무시한다는 생각에 일단 두 귀를 닫고 목소리 톤을 올렸다. 남편이 단정적으로 말했던 것 중 사실관계가 잘못된 게 있으면 두고두고 이야기 하면서 "제대로 알지도 못하면서, 아는 척 좀 그만 하라."며 일침 날리는 걸 잊지 않았다. 말다툼을 할 때면 절대로 남편에게 지지 않으려 했던 내 습관은 무직이 된 남편과 살면서 더 굳어졌다.

어느 순간 깨닫게 됐다. 나는 어느새 어린 시절에 내가 그렇게 싫어하며 욕했던 사람이 되어 있었다. 친정어머니에게 함부로 말하던 무례한 어른들처럼 변해있었다. 남편이 돈 못 번다고 대놓고 무시했다. 집 밖에서 경제활동을 하면서 꼬박꼬박 급여를 받는 내 활동은 매우 중요하고 의미 있다고 생각하면서, 집 안에서 보이지 않게 묵묵히 청소를 하고 밥을 하고 아이들을 챙기는 남편의 역할은 당연히 해야 하는 것으로 여기게 되었다.

'살림 밖에' 안하는 남편이 매일 밤에 술을 마시고 숙취로 다음날 아침에 일어나지 못하고 아이들 식사도 못 챙겨주는 날이 늘어나자 남편에 대한 원망이 더욱 커져갔다. 알뜰하게 장을 보면 생활비를 아껴 쓸 수 있을 텐데 2~3일에 한번 씩 장을 보면서 건강에 좋아보이지도 않는 냉동식품이나 즉석식품 같은 것만 잔뜩 사다놓는 것도 마뜩치 않았다. 이렇게 가사를 대충 할 거면 차라리 나가서 돈을 벌어오라는 유무언의 압력을 넣게 되었다. 돈 버는 게 가장 중요하다는 자본주의 마음의 패턴에 익숙해진 나는 수시로 '갑질러'로 변신했다.

내 등쌀을 이기지 못한 남편이 어느 날 일하러 나갔다. 남편의 선택은 언제나 내 예상을 벗어난다. 시멘트 회사에 계약직 공무직으로 취직한 거다. 매일 아침 7시가 지나자마자 집을 나가 어둑어둑한 저녁에 피곤에 절어 돌아오는 남편이 받은 실 수령액은 월 130여만 원 정도였다. 검사로 재직하던 시절, 시멘트 회사의 숨겨진 비리를 조사하겠노라고 강원도까지 홀로 가서 수사하던 기개는 어디로 사라진 것인지.

당시 남편은 변호사 개업을 하지는 않았지만 등록을 해서 꼬박꼬박 변호사 회비를 내던 중이었다. 경험과 노하우가 쌓인 법조인의 길을 마다하고 낯선 육체노동자로 제2의 인생을 살려고 하는 남편을 어떻게 이해해야 할지 종잡을 수가 없었다. 시멘트 회사에서 일하기 직전에 남편은 지게차 자격증을 땄다. 꽤나 자랑스러워하면서 자격증을 보여줬는데, 나는 새로운 영역에 도전해 성공을 거둔 남편을 격려하고 칭찬하기는커녕 쓸데없는 일을 한다며 힐난했다.

그래도 남편이 작업복을 입고 출근을 하는 동안 나는 한결 부드럽게 남편을 대했다. 내가 가장 못마땅하게 여겼던 게 남편의 밤샘 음주 습관이었는데, 고된 육체활동의 여파로 예전만큼 술을 자주 마시지 않게 되어서였다. 매일 일찍 출근하는 남편을 대신해, 내가 아이들을 챙기고 요리를 했다. 집안 살림과 회사 일을 병행하느라 몸은 바빴지만 마음은 한결 가벼웠다. 벌어오는 돈이 얼마 되지는 않았지만, 드디어 남편이 제대로 된 역할을 하는 것 같아 고마운 마음도 들었다.

하지만 이번에도 역시나 행운의 여신은 내 편이 아니었다. 딱 3개월 만에 남편은 회사를 그만뒀다. 회사에서 남편은 지게차로 콘크리트 철근을 옮기는 일을 주로 했다. 하지만 지게차를 쓰기 어려운 공간에서는 손으로 직접 날라야했고, 이런 경우가 꽤 많았다. 그런데 수십 킬로에 달하는 무거운 철근을 계속해서 옮기면서 팔에 무리가 온 것이다.

어느 날 남편이 손가락이 움직이지 않는다고 하소연을 했다. 무거운 것을 오래 들다보니 손과 팔에 이상이 와서 제대로 쓰지 못하게 된 것이다. 병원에 다니며 상황을 알아봤는데 대부분 수술을 권했다. 몸을 쓰는 직업이었는데, 손을 쓸 수 없으니 더 이상 시멘트 회사에서 일할 수 없었다. 내 눈에는 아무리 봐도 산업재해 같은데 남편은 그냥 조용히 퇴사하는 걸로 끝냈다.

남편은 수술 대신 팔이 제 기능을 되찾을 때까지 푹 쉬기로 결정했다. 남편은 금세 내가 한심하게 생각했던 예전의 모습으로 돌아가 버렸다. 시간이 많은 덕에 넷플릭스 신작은 모두 다 꿰고 있고 밤에는 드라마에 심취해 살았다. 남편을 무시하는 마음이 직간접적으로 드러나니 한참 감수성이 예민한 사춘기 10대 세 아이들도 자연스럽게 내 옆으로 줄을 섰다.

공감력이 부족한 남편은 아이들이 좋아하는 것을 함께 즐기는 걸 어려워한다. 아이들과 이야기할 때도 아이들이 관심 있는 것에 대해 말하기보다 '공부해라'와 같은 잔소리나 훈계조로 흐르기 일쑤다. 그러니 아이들은 자신들의 눈높이에 맞춰 보드게임을 하고 좋아하는 웹툰과 애니메이션을 함께 보며 이야기를 나누는 나를 더 친밀하게 여겼다. 엄마는 필요한 게 있으면 사주고, 가끔 용돈도 주고, 아빠보다 요리도 더 잘하니 아이들 입장에서는 더 소중하게 여겨졌을 거다.

하지만 이렇게 부부 간에 균형이 깨진 삶을 이어가자 아이들의 가치관에 왜곡이 생겼다. 세 아이들 모두 결혼에 대해 부정적인 인식을 갖게 된 거다. 특히 철이 들대로 든 큰 딸은 왜 아빠처럼 책임감 없고 경제관념 없는 남자와 결혼을 했는지 무척 궁금해 했다. 그럴 때마다 나는 강조했다. 아빠를 만날 당시의 엄마는 딱 그 정도 수준이었노라고. 더 나은 사람을 만나기 위해서는 내가 더 나은 사람이 되어야 하는데, 남편을 '직업'이라는 잣대 하나로만 골랐기 때문이라고. 그 밖의 다른 중요한 조건들을 함께 챙겨야했는데, 그렇게 하지 못한 탓이니 엄마와 똑같은 실수를 하지 말라고 신신당부를 했다.

하지만, 이렇게 말하면서도 늘 가슴 한 편이 불편했다. 내가 진짜 결혼생활에 100% 불만족스러워하는 게 맞는 건지 의문스러웠다. 이 이상한 부부관계가 과연 남편의 일방적인 잘못만으로 초래된 걸까? 남편의 시선에서 바라본다면, 나 역시 이상한 건 아닐까? 엄마, 아빠의 부족한 뒷모습을 보면서 자란 우리 아이들이 성인이 되어 우리 부부처럼 애정 없는 삶을 이어갈 수도 있을 거라고 생각하니 끔찍했다. 이 악순환의 고리는 내 선에서 끊어야겠다는 절박한 심정이 들었지만, 도대체 어디서부터 어떻게 개선해야 될지 감조차 잡을 수 없었다.

나갈 테니 방 얻어줘

남편은 막내이기는 하지만 부모님 사랑을 충분히 받으며 자라지는 못했다. 시어머니와 시아버지는 사이가 원만하지 않으셔서 남편이 어렸을 적부터 고성을 주고받으며 자주 싸우셨다고 한다. 남편은 고향을 떠나 고등학생 때부터 수원에 있는 형님 댁에서 지냈지만, 경제적으로, 심리적으로 힘든 것은 마찬가지였다. 어려운 형편 탓인지 한 집에서 살았던 형과 형수, 누나와 매형 역시 자주 다투셨기 때문이다. 남편은 고등학생 때 단돈 100원 버스비가 없어서 매우 먼 거리를 걸어야했던 이야기를 쓸쓸하게 한 적도 있다.

이렇게 어려운 유년시절을 보냈다면 아껴 쓰는 게 몸에 밸 법도 한 데, 남편은 그 반대였다. 실직기간이 길어지자 시숙께서 우리에게 빌렸던 돈의 절반을 갚으셨다. 문제의 발단은 그걸 남편 통장에 이체한 데서 비롯됐다. 돈을 벌 생각이 없는 보통의 사람이라면 몇 년 동안 쓰겠노라는 계획을 세우고 한 달 지출을 꼼꼼하게 관리라도 할 텐데, 남편은 사전계획과는 전혀 거리가 먼 사람이었다. 5천만 원이라는 그렇게 작다고 볼 수 없는 돈이 바닥만 남게 된 건 순식간이었다.

매일 밤 술타령에, 남편으로 아빠로 역할에 소홀한 남편에게 넌더리가 나서 어느 날 남편에게 이혼을 요구했다. 이혼서류를 다운받아서 내가 채울 수 있는 란은 모두 작성한 후에 도장까지 찍어서 남편에게 내밀었다. 세 아이들이 있는 앞에서 크게 싸운 후 들이민 이혼장을 받아든 남편은 내게 폭력을 행사하려고 했다. 아이들 표정이 어땠는지 기억나지 않는다. 아이들을 챙길 만큼 심적 여유가 있지 않았다. 남편이 너무 밉고 한심해서 나부터 숨을 쉴 수 없을 만큼 힘든 상황이었으니. 남편은 이혼을 하더라도 자신은 수입이 없으니 내가 요구한 월 50만원이라는 아이들 양육비는 줄 수 없다고 딱 잘라서 말했다.

나갈 테니 방을 얻어 달라는 요구도 했다. 적반하장격인 셈이다. 이혼의 원인을 제공한 유책책임자가 당당하게 내게 경제적 원조를 요청하다니. 하지만 남편이 너무 지긋지긋했던 나는 원룸 오피스텔이라도 사줘서 남편을 내쫓고 싶었다. 당시 내가 사는 동네 주변 원룸 오피스텔 매매시세가 1억 원이 조금 안됐는데, 이 돈으로 남편과 영원히 관계를 끊어버릴 수 있다면 그러고 싶다는 마음이 컸다. 하지만 내 주변에 남편이 사는 건 싫었다. 나는 남편에게 빈 몸으로 나가라고 외치고, 남편은 절대로 이대로 쫓겨날 수는 없다고 소리를 지르며 우리 싸움은 평행선을 내달렸다. 나가지 않겠다고 버티는 남편을 완력으로 내쫓는데 실패한 후 한동안 냉랭하게 남편을 대했다.

근검절약이 몸에 밴 친정아버지를 보면서 자라온 나는 불필요한 곳에 돈을 낭비하는 걸 싫어한다. 물론 써야 할 곳에는 쓴다. 가장 대표적인 게 자기계발비과 품위유지비다. 새로운 걸 배우는 게 삶의 가장 큰 기쁨 중의 하나인 나는 외국어를 비롯해 낯선 걸 배울 때는 과감하게 지갑을 연다. 직장생활을 20년 이상 하다 보니 조직 내에서 내 위치에 걸 맞는 지출도 아끼지 않는 편이다. 누구를 만나도 응당 사야하는 위치일 때가 많고 한 부서를 총괄하다보니 예전보다 씀씀이가 커졌다. 재작년에 3급으로 승진한 후에는, 3급 상당으로 직장생활을 시작해야 했던 남편의 입장을 한결 이해하게 된 건 사실이다. 욕먹지 않으며 제대로 된 상사 노릇을 하려면 궁상맞게 돈을 아껴서는 안 된다는 것을 이제야 제대로 깨닫게 된 거다.

그럼에도 홀로 벌어 빚지지 않고 살려면 다른 곳에서 지출을 최소화할 수밖에 없다는 걸 늘 유념하면서 산다. 친정아버지는 말단경찰로 공직을 마무리하셨지만, 지출을 최소화해서 남들에게 손 벌리지 않고 아이 둘을 서울까지 대학 보내고 8남매 장남으로 동생들 시집장가까지 보내셨다.

물론 친정어머니의 똑 소리 나는 살림 스킬이 매우 큰 몫을 했다.

  소비를 지향하지 않는 아버지의 삶은 매우 극단적이었다. 문명의 이기와는 아예 담쌓고 살아오신 것이다. 퇴직 하실 때까지 아버지의 인생에서 카드란 존재하지 않는 단어였다. 그 흔한 현금카드 한 번 만들지 않으셨고, 핸드폰 역시 단 한 번도 소유해 본적이 없으시다. 아빠의 궁상에 가까운 삶 탓에 나는 어렸을 때 외식을 단 한 번도 하지 못하고, 살던 지역을 벗어나는 가족여행을 단 한 차례도 하지 못했다. 아주 가끔 인근에 있는 무료 공원 등에 가족이 함께 가기도 했지만 자동차가 없었기 때문에 버스를 갈아타며 오가야해서 꽤나 힘들었다. 내가 아직까지 여행에 대해 그다지 우호적이지 않은 것은 여행에 대한 즐거웠던 추억이 그다지 많지 않아서이지 않을까 싶다.
  남들은 다 다닌다는 학원도 거의 다녀본 적이 없다. 고3 때 논술 본고사를 준비하기 위해 40여일 학원을 다녔던 게 아버지 돈으로 다녀본 첫 학원이었다. 아마 학원을 다니지 않는다는 선택을 할 수 있었다면 이마저도 못가지 않았을까 싶다. 나는 수능 1세대로 시험을 두 번 봤다. 당시 내가 다녔던 고등학교에서는 인문계 전교 1등부터 5등까지 다섯 명이 학교의 명예를 드높일 거라며 크게 기대를 하고 있었다. 하지만 여름에 본 첫 번째 수능에서 기대했던 것만큼 성적이 나오지 않고, 난이도 조절에 실패해서인지 두 번째 수능 성적은 오히려 1차 시험보다 더 낮게 나왔다.

학교에서는 우리가 대학별로 치르는 본고사를 준비하는 게 낫겠다는 판단을 했다. 하지만 학교는 그 해 처음 생긴 본고사 전형에 대한 준비를 해줄 수 없었다. 학교에서는 야간 자율학습 시간에 본고사 전문 학원을 따로 다닐 것을 권했다. 인생 향방을 좌우할 중요한 시험이 한 달 남짓 후에 있었지만, 우리는 학원이 있는 '시내'에서 자유를 만끽하느라 즐거웠다. 왠지 신비롭게만 보이는 재수생 언니, 오빠들에게 일일이 별명을 붙이면서 그들을 주인공으로 해서 우리 나름대로 소설을 써보기도 하고, 다른 학교에서 온 학생들과 친분을 쌓기도 했다. 태어나서 노래방도 이 때 처음 가봤다. 학원을 다니며 즐거운 추억이 도톰하게 쌓인 덕인지, 반백에 가까워진 나이에도 불구하고 나는 여전히 학원 다니는 걸 좋아한다.

어렸을 적에 나는 그 흔하디흔하던 피아노, 주산, 미술학원을 단 한 번도 다녀보지 못했다. 고등학교 3학년 전에 학원을 다녀본 건 중학교 졸업 후 두 달 겨울방학 기간 동안 선생님께서 주신 무료 쿠폰을 활용한 게 처음이자 마지막이었다. 당시 전교조 출범에 관여하셨던 선생님이 퇴직교사가 되어 시내 학원에 강사로 채용되시면서 학원 무료 수강증을 내 중학교 은사님께 주신 거다. 중학교 3학년 내내 수학, 영어 평균 100점이라는 성과를 거둔 뒤 얻을 수 있었던 귀한 기회였다.

친정아버지의 지출제로에 가까운 인생관으로 인해 학원의 수혜를 못 받아본 게 독특한 내 경험의 전부가 아니다. 남들은 다 알만한 의류나 신발, 잡화 브랜드도 거의 알지 못했다. 대학교 입학 직전 모 신인배우가 의자를 넘어뜨리는 도발적인 CF로 선풍적인 인기를 끌었던 브랜드의 짝퉁 가방을 엄마가 시장에서 사다주셨지만, 부끄러운 줄도 모르고 이 가방을 줄기차게 갖고 다니며 대학교 새내기 시절을 보냈다. 명품을 식별하는 안목이 없는 내 자신을 변호하고 싶은 마음에서인지 '비싼 것은 무조건 나쁜 것'이라는 편견이 나이가 들면서 더욱 강해졌다.

'필요 이상을 구입하는 것은 사치'라는 마인드를 갖고 있는 나는 '내로 남불형 평가'를 하는 데 점점 익숙해졌다. 남편의 소비행태는 죄다 '불필요한 것, 불요불급한 것'을 구입하는 낭비로 보였다. 하지만 내가 급하게 필요하지 않는 것을 사게 되면 '언젠가는 필요할 요긴한 것'을 선제적으로 구비하는 지혜로운 소비라고 변명했다.

부부간의 갈등의 진원지를 찾다보면 의외로 그 원인이 생각보다 오래 전에 시작됐다는 사실에 흠칫 놀라게 된다. 남편과 내가 연애 시설부터 지금까지 자주 싸우게 되는 것 중에 하나는 '돈'을 바라보는 서로 다른 가치관에서 비롯됐다. 남편은 젊은 시절부터 남에게 돈을 쓰는 걸 아까워하지 않았다. 과외 아르바이트를 하며 대학을 다닐 때도, 힘들게 번 돈을 후배들 밥 사주고 술 사주는 데 모두 썼다. 문제는 이 모든 관계가 호혜적이지 않고 남편의 '내리사랑'과 같은 형태였다는 거다. 주지만 결코 받는 것은 기약할 수 없는 밑 빠진 독에 물붓기식 베풂.

나는 돈을 실용적으로 써야 한다고 생각한다. 타인에게 일방적인 호의를 베푸는 것이 가끔인 것은 괜찮다. 선배니까. 직장 상사니까. 혼자 사는 삶이 아니니 대한민국 사회가 요구하는 역할기대에 어느 정도 부응할 필요는 있다. 하지만 이 일방적인 관계가 고착화되면 정작 내 인생이 힘들어질 수 있다. 고마워하지도 않고 얻어먹는 걸 당연하게만 생각하는 이들에게까지 흥청망청 쓰다보면 가장 소중한 내 가족에게 쓸 돈이 충분치 않게 되기 때문이다.

남편과 나는 둘 다 어려운 형편에서 자랐다. 하지만 경제적으로 여유가 없는 가운데 두 본가의 아버지들은 매우 극단적인 소비행태를 보였다. 시아버지는 벌이가 없었지만 시어머니가 번 돈으로 동네 사람들에게 술이나 음식을 사주며 생색내는데서 큰 기쁨을 느끼셨다. 매일 술 사마시며 하루 종일 취해 지내는 것을 그다지 부끄럽게 생각하지 않으셨다.

친정아버지는 월급을 받으면 꼭 써야하는 최소한의 돈만 남겨두고 무조건 다 적금을 부으셨다. 납입액이 불어나 목돈이 되면 예금으로 예치하셨다. 아버지 사전에 '예적금 중도 해지'라는 단어는 절대 존재하지 않았다. 손이 큰 어머니는 종가집 맏며느리로 각종 제사와 경조사를 여유있게 챙기고 싶은 마음에, 자린고비 아버지에 대한 불만이 컸지만 아버지를 바꿀 수는 없었다.

　본가의 다른 문화 속에서 자라온 우리 부부는 꿈꾸는 '이상적인 지출'
에 대한 지향점이 달랐다. 부부 간 갈등의 근원을 찾아가다보면 이렇게
본가에서 겪은 서로 다른 경험이 원인이 되어, 각자가 바람직하다고 생
각하는 것에 대해 상이한 가치관을 갖게 된 경우가 많다. 부부가족 전문
상담사가 쓴 책에는 다음과 같은 사례가 등장한다.
　어릴 적 누나들에게 치이며 외롭게 소외감을 느끼며 살았던 한 남성
이 있었다. 그는 결혼 후에 존재감을 과시하며 살고 싶어 했다. 그에게 자
신의 능력을 과시하는 대표적인 방법은 부모 도움 없이 부부만의 힘으로
집을 장만하는 것이었다. 하지만 아내는 부모가 도와주겠다는 데 한사코
거절하며 힘들게 자가를 마련하려는 남편을 이해할 수 없었다. 아버지의
외도로 가정이 풍비박산한 아픔을 간직한 아내는 자신이 번 것은 남편과
공유하지 않고 따로 관리했다. 경제적으로 독립하는 것이 생존의 바탕이
라는 것을 어릴 적부터 뼈저리게 경험했기 때문이다.
　아내의 속마음을 읽지 못했던 남편은 남편대로 아내에게 불만을 품고
있었다. 부모에게 기대지 않고 집을 사려면 아내의 경제적인 지원이 꼭
필요한데도 외면하는 아내에게 섭섭함을 느꼈다. 몇 개월에 걸쳐 함께
상담을 받으며 이 부부는 서로의 마음 안에 숨겨진 아픔을 읽을 수 있게
된다. 결국 부모님의 도움을 어느 정도는 받고 수입의 일정부분을 공동

계좌에 두고 함께 관리하는 것으로 결정하면서 이 부부는 갈등을 해결할 수 있었다.

'대책 없는 소비'와 '과도한 절약'이라는 극단적인 경험에 너무 익숙해진 남성과 여성이 가정을 꾸렸으니 우리의 충돌은 사전에 어느 정도 예고된 것이었다. 이 갈등의 골을 조금이라도 메우려면 전문가의 도움이 절실하게 필요했다. 하지만, 부부상담은커녕 퇴직 후에는 다른 사람들과 소통을 극도로 피하는 남편의 성향 탓에 타인에게 우리 문제를 토로할 수는 없었다.

그렇다고 우리가 서로 마음을 터놓고 이야기할 수 있는 상황도 아니었다. 남편은 술을 마시면 비교적 솔직해졌지만, 술 마시는 남편에 대한 반감이 너무 컸던 나는 함께 술잔을 기울이면서 이야기를 나누고 싶지 않았다. 우리는 서로의 차이를 전혀 좁히지 못한 채, 서로 '네가 틀렸다'며 상호 비방만 이어갔다. 그 결과 만성지진에 시달리는 일본처럼 우리 가정은 조그만 외부 충격에도 격하게 흔들리게 되었다.

달라도 너무 달라

20년 이상 다른 환경에서 자라온 미혼남녀가 서로에게 애정을 느끼게 되는 계기는 무엇 때문일까? 우리는 연애 초기에 비슷한 배경 덕분에 서로에게 호감과 친밀감을 느꼈다. 둘 다 형편이 넉넉하지 않아 서로에게 자격지심을 느낄 필요가 없었다. 고향이 같아서 주민등록 뒷자리 7개 중에서 무려 5개가 동일하다는 것도 좋았다. 출신대학이 같은 덕에 대학생 시절 추억의 교집합을 쉽사리 찾을 수 있는 것도 신기했다. 비슷한 시기에 고시생 생활을 했고, 둘 다 공직에 몸담게 되면서 나눌 수 있는 이야기도 풍성해졌다.

연애할 때는 서로 공통점이 많아 결혼해서도 잘 살 거라고 기대했지만, 역시나 결혼은 현실이었다. 온갖 애정호르몬이 대량 방출되어 바라보기만 해도 눈에서 하트가 뿅뿅 솟았던 신혼 시기는 생각보다 짧았다. 남편은 대구에서 오래된 투 룸에서 홀로 살았고, 나는 서울 고시원에서 기거하면서 직장생활을 시작했다. 우리는 주말마다 친정집에서 만났지만, 둘 다 신입 직장인으로 지쳐 밀린 잠을 보충하느라 바빴다. 친정에 맡겨둔 첫 아이를 주말에 잠깐 돌보며 부모 흉내도 내봤지만 초보 엄마 아빠티를 벗기란 어려웠다. 가끔씩 만나는데도, 싸울 일은 어찌나 많은지.

  신혼 초부터 지금까지 남편과 가장 크게 갈등을 빚는 부분은 남편의 음주 습관이다. 알콜 중독 시아버지에게 너무 익숙해져버린 탓일까? 시어머니는 남자가 술 좀 마시는 게 뭐 그리 큰일이냐는 식으로 응대하시며 오히려 별일 아닌 일을 침소봉대한다며 나를 속 좁은 며느리로 여기셨다. 시댁이 과음하는 문화라 내 입장을 이해하는 이는 단 한 명도 없었다. 젊었을 때는 나도 술을 그렇게 싫어하지 않았는데, 술을 지나치게 좋아하는 시댁에 대한 반감에서인지, 점점 술을 싫어하게 됐다. 가족 모임이 있을 때면 동서형님과 시누이들도 자연스럽게 술자리에 합류하시는지라 시댁에 가면 나만 외톨이가 되는 기분이었다. 음주 외에는 즐길 수 있는 문화도 없고, 공통의 화제 거리도 찾기 어려워 시댁에 가는 게 더욱 더 내키지 않았다.
  남편 퇴직 후에는 음주를 둘러싼 갈등이 더 거세졌다. 하지만, 왜 이렇게 남편이 술 마시는 게 싫은 건지, 솔직한 내 마음을 알기 어려웠다. 남편이 음주를 하는 것 자체가 싫은 건지, 음주 탓에 다음날 아이들을 챙기지 않아 내가 힘들어지는 게 싫은 건지, 음주로 인해 남편이 건강을 잃고 후에 내가 그 의료비 부담을 온전히 지게 될까봐 미리 걱정을 하는 건지.

아주 가끔 남편이 술을 마시지 않기도 한다. 하지만 그렇다고 다음날 남편이 일찍 일어나는 기적은 일어나지 않았다. 밤낮이 바뀌어 오후 늦게까지 잠을 자다 내가 퇴근할 무렵에서야 아이들을 챙겨주는 게 습관이 되었기 때문이다. 그렇다면 술을 마시지 않는다고 아침에 아이들을 챙겨준다는 공식이 자연스럽게 성립되지는 않는다. 술을 마시면 아이들을 챙기지 않아서 싫다는 내 논리가 앞뒤가 안 맞는 것이다. 아이들을 챙기게 하려면 남편이 술을 못 마시도록 말릴 게 아니라 아침에 자고 있는 남편을 깨우는 게 맞았다.

남편의 건강을 위한 것이라는 내 두 번째 변명도 근거가 약하기는 마찬가지였다. 남편 건강은 내가 지금 걱정한다고 해서 미리 완벽하게 챙길 수 있는 게 아니기 때문이다. 미래 걱정을 미리 당겨서 하는 게 현명하지 않다고 생각해왔기에 이 부분에 있어서 쓸 데 없는 내 에너지와 시간, 마음을 쓸 필요가 없었다. 그렇다면 남편의 음주에 관대해질 필요가 있는 건 아닐까? 남편의 음주습관으로 고민하는 내게, 주변 몇 분은 차라리 내가 변해 무알콜 술이라도 마셔가면서 남편과 유대감을 다지라고 조언하기도 하셨다. 하지만 술을 마시는 것도 즐겨하지 않고, 밤에 건강 해쳐가

면서 뭔가를 먹는 것도 자제하고 싶은 내게 이건 그다지 끌리는 방법이
아니었다.

 스킨십을 좋아하는 남편은 술에 취하면 스킨십에 대한 집착이 더 심해
지곤 했다. 술 안취한 남편이 다가오는 것도 싫은데, 술 냄새를 풍기는 남
편이 반가울 리가 만무하다. 외모도 자기관리의 연장선상이라고 생각하
는 내게, 중년이라는 티를 노골적으로 내는 남편의 외양은 감당하기 어
려웠다. 넷째를 가진 것처럼 동그랗게 부푼 배, 사람들을 만난 일이 없는
데다 마스크도 벗지 않으니 흰색과 검은색이 아무렇게나 뒤섞여 있는 수
염.
 술 마시는 남편을 만류하는 데 효과를 전혀 보지 못한 나는 전략을 바
꿔서 술 취한 날은 스킨십을 절대 시도해서는 안 된다고 으름장을 놓았
다. 약속을 지키지 않을 때는 벌금으로 20만원을 내야 한다고 미리 안내
하고 남편이 포함된 가족 단톡방에 공지로 이 사항을 올려뒀다. 룰을 단
호하게 정하니 매사에 대충 능구렁이처럼 넘어가려고 하곤 했던 남편
도 이번에는 따르려고 노력했다. 하루가 멀다 하고 술은 마셨지만 과도
한 스킨십을 시도하지는 않았다. 덕분에 음주 후 스킨십을 빌미로 싸울
일은 줄었지만, 스킨십이 줄어드니 사이가 좋아진다는 생각은 전혀 들지
않았다.

더위를 무척 타는 남편과 달리 나는 여름에 에어컨은커녕 선풍기 없이도 보낼 수 있다. 추위를 이 정도로 타지는 않았는데, 출산 후에 체질이 완전히 바뀐 듯하다. 그래서 나와 정반대 체질을 지닌 남편과 한 공간에서 자는 게 더욱 힘들다. 남편은 더위를 매우 많이 탄다. 남편은 선풍기가 없으면 잠을 못자고, 나는 바람이 느껴지는 곳에서는 결코 잠을 이룰 수 없다. 차를 탈 때도 우리는 늘 신경전을 벌인다. 에어컨을 틀어야 운전이 가능한 남편과 에어컨 바람이 너무 싫은 나는 잠깐씩 에어컨을 끄는 타이밍을 두고 곧잘 말다툼을 한다.

새벽에 일찍 일어나 여러 가지 활동을 하는 것을 즐겨하는 나와 달리 남편은 철저하게 야행성이다. 내가 퇴근할 때쯤에야 남편은 눈이 말똥말똥해지고 내가 잠자리에 들 때는 남편 에너지가 풀로 충전된 상태다. 자기 전에 물을 마시려고 거실로 나가면 자정인데도 아무렇지도 않게 "커피 한 잔 타줄까?"가 남편의 단골 멘트다. 그럴 때마다 기겁을 한다. 이제 나는 잘 건데, 무슨 커피냐며 핀잔을 놓게 된다.

MBTI 검사를 하면 ENFJ형이라고 나온다. 판단형(Judging) 성격 탓에 나는 계획 없이 사는 것을 매우 싫어한다. 하지만 남편은 전형적인 인식형(Perception)이다. 인식형은 구조적으로 사전에 정해진 것에 얽매이는 것을 싫어한다. 자발적으로 유연하게 대처하는 것을 선호한다. 하나부터 끝까지 여러 시나리오를 준비하는 걸 선호하는 판단형과는 생활방식이 정반대다. 남편이 절대로 MBTI를 하려고 하지 않기에 구체적인 유형을 알 수는 없지만, 남편 성격을 꽤나 물려받은 큰 아이가 INTP인데다, 남편이 계획 세우는 걸 평소에 본 기억이 전혀 없다. 경제관념이 부족한 남편에게 재정계획을 함께 세워보자고 제안한 적이 있다. 연도별로 촘촘하게 수입, 지출, 저축 계획을 세운 뒤 내가 기여할 수 있는 부분을 채워서 남편 칸을 채워보라며 보냈다. 남편은 자신의 칸을 채우는 대신에 아이들의 나이를 만 나이로 바꿔서만 보냈다.

나는 뭐든지 미리 미리 계획을 세워 촘촘하게 준비해야 마음이 놓인다. 이런 성격 탓에 하루 종일 부지런히 살다가도 나를 위해 몇 시간 여유시간을 가지면 그 날 하루를 게으르게 보냈다고 자책하곤 한다. 남편은 정반대다. 뭔가 생산적인 일보다는 유희를 즐기는데 더 많은 시간과 에너지를 쏟는다. 내 눈에는 '과다'하기 짝이 없는 휴식이 자신의 눈에는 '적정'한 정도이다. 세 아이들 모두 남편 성향을 고대로 닮았다. MBTI J형과 P형은 상극이라는 이야기를 들은 적이 있다. 나와 전혀 다른 성향임에도 내 유전자를 절반 물려받은 아이들은 사랑하기에 가슴으로 품을 수 있었다. 하지만 '남의 편'이자 피 한 방울 안 섞인 남편을 사랑으로만 감싸 안기란 너무 어려웠다.

무계획으로 일관하는 남편이 가장 미웠던 것은 아무런 비전 없이 무작정 퇴직해 버리고 구직활동도 하는 둥 마는 둥 하면서 빈둥거릴 때였다.

퇴직 직후에는 마냥 쉬기만 하는 남편이 못마땅해 내가 여기저기 구인란 공지를 부지런히 검색하면서 도전해보라고 등을 떠밀었다. 시댁에서는 이런 나의 노고에 대해 고마워하기는커녕 그동안 고생한 남편을 쉬도록 두지 않는다며 나를 원망하고 비난했다. 믿었던 친정 부모님도 별반 다르지 않으셨다. 평소에는 딸만 고생시키는 나쁜 사위로 매도하다가도 정작 사위가 눈앞에 나타나면 예전처럼 극진하게 대우하셨다. 피를 나눈 부모라도 거리두기가 절실하게 필요하다는 것을 깨닫게 됐다. 나에게 도움이 되는 플러스 인간관계를 거의 찾기가 어려웠다.

처가와 본가에서 지원사격을 든든하게 받아서인지, 남편은 갈수록 더 한심해졌다. 그래도 몇 달을 쉬다보니 눈치가 보였는지 책장 가득 이런저런 수험서를 잔뜩 사서 꽂아두기 시작했다. 7급 공무원 시험을 잠깐 준비하던 남편은 자신에게 너무 어려운 시험이라며 금세 포기했다. 이내 9급 시험을 조금 공부하다 그것도 너무 힘들다며 아예 책을 덮었다.

남편의 대책 없는 행태에도 화가 났지만, '언젠가', '정신만 차리면' 제대로 된 사회생활을 할 거라며 잔뜩 기대의 눈초리를 보내는 주변 이들에게도 염증이 났다. 남편이 그동안 쌓은 경험과 연륜을 활용해서 직장을 잡을 수 있도록 이리저리 알아보던 내게 큰 시누이는 "그동안 고생했으니 이제 우리 검사 동생 좀 더 쉬게 내버려두라."며 나를 혼내셨다. 시댁의 이런 몽상가적인 태도 탓에 반감이 들어서 더 남편을 몰아세우게 됐다. 주변 이들은 별 생각 없이 던지는 말이었겠지만, 팔랑귀이자 개복치 성격인지라 이런 말을 들을 때마다 내 마음은 크게 요동쳤고, 상처를 받았다.

소심한 내 성격을 갑자기 바꿀 수는 없어서 내 마음을 어지럽히는 말에 이리저리 휘둘리지 않으려면 고강도 거리두기와 같은 특단의 대책이 필요했다. 부질없는 일에 쓸데없이 크게 마음을 쓰게 만드는 이들과 만나는 횟수와 접촉면을 줄이는 수밖에 없었다. 친정과 시댁을 찾아가는 걸 줄이고 필요이상의 대화를 자제하면서 나는 점점 더 외딴 섬처럼 변해갔다.

이혼 대신 졸혼

남편에게 이혼서류를 던지며 육탄전을 방불케 하는 일촉즉발 위기상황을 초래한 후 나는 더 이상 이혼이라는 단어를 입 밖에 내지 않기로 다짐했다. 대신 내 마음 속에서는 이미 남편과 갈라섰다. 서류상으로 갈라지는 이혼 대신에 실질적으로 결혼생활에 종지부를 찍는 졸혼을 선택한 것이다.

남편과 되돌릴 수 없을 만큼 상황이 악화된 후 친정어머니를 탓한 적이 있었다. 만남 초기에 무심했던 남편이 마음이 들지 않는데도 남편에게 적극적으로 다가가기를 종용하셨던 게 기억났기 때문이다. 하지만 어머니는 단호하게 선을 그으셨다. "네가 좋아서 했다. 내가 결혼하라고 해도 네가 싫으면 안했겠지." 그렇다. 최종 결정은 내가 한 거 맞다. 유치하게 네 탓이니 내 탓이니 하며 서로를 탓할 필요가 없는 상황이었던 거다.

부부가 이혼 위기를 겪는 건 이제는 보편적인 현상이 됐다. 실제로 이혼을 감행한 커플도 늘어나는 추세다. 서울시가 지난 20년간(2000년 ~2020년) 인구동향을 분석해서 발표한 자료에 따르면, 2020년 이혼부부 1만 6282쌍 중 20.6%가 30년 이상 결혼생활을 유지했었다. 20년 이상 결혼생활을 유지하다 이혼하는 비율이 1990년대에는 전체 이혼 중 6.6%에 불과했지만, 2020년에는 27.3%로 껑충 뛰었다. 이혼을 감행하는 부부 너 댓 커플 중 1쌍이 황혼이혼도 더 이상 주저하지 않게 된 거다.

졸혼을 선택했지만, 내 진심을 나조차도 알기 어려웠다. 졸혼을 결심한 후, 남편에 대한 어떠한 기대도 갖지 않기로 단단히 마음먹었다. 어떻게 해서든지 바꿔보려고 노력했던 예전과 달리 이제 아예 관심을 두지 않게 된 거다. 내 태도의 변화를 예사롭지 않다고 느낀 건지, 내가 더 이상 다그치지 않으니 그제야 뭔가 해보고 싶은 마음이 든 건지, 무기력증에 빠져 있던 남편이 서서히 생기를 되찾기 시작했다.

새로운 영역에 출사표를 던지는 남편의 시도는 계속됐지만, 남편의 공부가 가계 경제에 보탬이 되지는 않았다. 조금 노력해보다 어려우면 중도에 포기하고 자격증을 따는 데 만족해하곤 했기 때문이다. 기술이 있으면 돈을 벌 수 있지만, 남편은 정작 세상 밖으로 나가는 것을 두려워하고 있었다. 그래도 드라마 보면서 히죽거리는 남편보다는 책상에 자리 잡고 두꺼운 수험서를 보고 있는 남편을 보는 게 차라리 속편했다. 사회 진출 시기를 유예하고 공부하면서 뭔가를 준비하는 이들에게는 한없이 관대한 우리나라 특유의 전통의식이 내게도 깊게 자리하고 있는 게 틀림 없었다.

남편에게 바가지 긁는 것을 포기하는 동시에 커가는 아이들에 대한 지나친 기대 또한 내려놓았다. 가끔은 훈육이 필요해보여 공부하라고 잔소리를 해봤지만 아이들은 내 눈을 피해 놀기 바빴다. 공부만 줄기차게 해온 남편의 현 모습을 보니 '공부의 의미도 모르는 채 강요받아 억지로 하는 공부가 인생에 어떤 의미가 있을까?'라는 회의감도 들었다. 무조건 공부를 부르짖는 대신에 대학을 가지 않을 거면 고등학교 졸업과 동시에 독립하라고 강조했다. 스스로 살아가려면 집안 살림을 할 줄 알아야하니 아이들을 가사에 동참시켰다. 한낮에 잠만 자는 남편에게 짜증을 내는 대신에 게임하며 노는 아이들에게 빨래를 널고, 각자 방을 치우고, 쓰레기 분리수거를 하고, 설거지를 하도록 했다.

남편의 실직기간이 예상보다 길어지면서 시댁과 맺고 있던 관계가 변하기 시작했다. 퇴직 초반에 시어머니는 반위협식으로 나를 붙들어 매려고 노력하셨다. 아이들 결혼할 때 껍데기뿐인 남편이라도 옆에 있는 게 훨씬 낫다며, 행여나 내가 이혼을 감행할까봐 노심초사하셨다. 내가 기억하는 시어머니 모습은 늘 나에 대한 불만으로 가득했는데, 어느 순간부터 어머니의 목소리가 톤다운됐다. 동서 형님도, 시누이 형님들도 시댁에 대한 의무를 예전처럼 과하게 요구하지 않게 됐다.

날을 세우며 나를 공격할 때는 한 없이 원망스럽기만 했던 시댁 분들이었는데, 이렇게 나를 이해한다는 투로 태도를 전환하니 같은 여성으로 시어머니, 형님들이 애잔하게 여겨졌다. 어머니는 청상과부처럼 한량처럼 놀기 좋아하는 경제력 제로 남편과 사시다 믿었던 막내아들마저 어머니 전화를 피하게 되어 외로운 말년을 보내고 계신다. 동서 형님은 두 아들을 어릴 때 잃고 어려운 살림 가운데 시동생 뒷바라지를 해서 사시 합격을 시켜놓았더니 이제는 형수 얼굴도 안 보려고 한다.

졸혼을 하겠노라고 마음먹던 즈음인 6년 전 5월의 어느 날에 다음과 같은 글을 남긴 적이 있다.

사회마다 국가마다 결혼제도는 다르겠지만 1부1처제라는 결혼제도의 틀을 대부분 유지하고 있는 듯싶다. 사유재산의 중요성이 인식되면서, 여성도 그런 재산의 일부로 소유가 가능하다는 인식에서 비롯된 이 제도에 대해 지금까지 의문을 품어본 바가 없다. 어렸을 때부터 '결혼은 당연히 하는 것이고, 여자는 아이를 낳아야 하니 빠를수록 좋다'는 이야기를 부모님께서 자주 들려주셨기 때문이다.

스물다섯에 선을 보고 2년 가까이 연애를 하다 스물일곱에 결혼을 하고 바로 다음해에 큰 애를 낳았다. 서른이 되기 전에 아이 둘을 낳고 서른 넷에 계획에 없던 셋째까지 출산했다. 그 막내가 지금 열 살이다. 결혼제도 안에서 큰 불만 없이 그럭저럭 살아가던 나는, 그러나 인생의 여러 우여곡절을 겪으면서 진지하게 이혼과 홀로서기에 대해 고민해왔다. 지금은 일단 세 아이들에게 가정을 선사하기 위해 결혼생활을 유지하는 것이 낫겠다는 결론을 잠정적으로 내리고 내 역할에 충실하고 있지만, 졸혼이란 단어를 처음 접한 후 내 마음은 정신없이 소용돌이쳤다.

일본에서는 결혼을 하면 주로 여자가 남자의 성을 따른다고 한다. '졸혼'이라는 단어를 만들어낸 한 일본 작가는 그게 싫어서 동거라는 형태로 남편과 관계를 유지하고 싶어 한다. 그러나 결혼 후 1년 만에 큰 딸을 출산하게 되었고 아이를 낳은 후 3일 만에 남편이 혼인신고를 하면서 그녀의 성을 따라 개명을 하였다고 한다. 그녀는 여성이 결혼 후 남편의 삶에 흡수되는 게 싫었다고 했다. 미국의 양성평등운동에 영향을 받은 그녀는 그동안 남성에게 유리하게 설계된 '가족관계, 생활패턴, 역할분담을 리셋'해 여성도, 남편을 비롯한 가족의 다른 구성원도 자신 본연의 삶을 지향하는 게 합리적이라고 주장한다.

1부1처제라는 틀은 유지하고 있지만 사회에 따라 혼전 동거가 필수조건으로 통용되는 사회도 있다. 10여 년 전 스웨덴에 출장을 갔을 때 그곳 과학관으로 근무하던 분 지인의 이야기다. 스웨덴은 결혼 전 동거가 권장사항이기 때문에 결혼식에 온 신부 친구들이 몇 년을 함께 살았는지 질문을 하는 게 자연스럽다고 한다. 그런데 사정이 있어 그 신부는 동거를 하지 못하고 바로 결혼을 하게 되었다. 그 신부는 매우 부끄러워하면서 '동거를 하지 못하고 바로 결혼식을 올리게 되었다'고 고백했고, 친구들은 이런 신부의 상황을 매우 안타까워했다고 한다.

맥락은 다소 다르지만 이 글을 쓰다 보니 졸혼이라는 단어에 전혀 흔들릴 것 같지 않은 한 커플이 떠오른다. 프랑스 남편을 두고 프랑스에서 30여 년을 살고 계신 분과 최근에 점심을 함께 했다. 그 분께 프랑스 국민이 프랑스 새 대통령부부의 결혼에 대해서 어떻게 평가하고 있는지 여쭤봤다. 프랑스는 워낙 정치인의 사생활은 존중받아야하는 고유영역이라는 분위기가 팽배하기에 노코멘트가 많으며 그전 대통령들이 혼외관계를 많이 유지해왔기에 오히려 적법한 혼인관계를 유지하고 있는 대통령 부부는 나이차를 제외하고는 이슈가 될 게 없다는 게 그 분의 말씀이었다.
프랑스 대통령이 언급했듯이 25세 어린 여성과 결혼하는 것은 사회적으로 큰 파장을 불러일으키지 않을 것이기에 그 부부에 대한 세간의 관심은 아직 양성평등이 확립되지 않았다는 방증이리라. 대통령 부인은 명문가문의 자제로 프랑스에서 국어선생님은 박학다식함의 대명사이며 그녀는 라틴어를 비롯해 여러 분야에 학문적, 예술적 조예가 깊다고 한다. 대통령 역시 이런 그녀의 모습에 매력을 느꼈을 테다.

작년에 읽었던 책 중에 결혼은 '대화'를 통해 유지되며, 지속적인 대화를 기반으로 부부는 '세계를 공유'하는 것이라는 내용이 있었다. 부부가 서로 함께 나눌 수 있는 세계가 없다면 결혼생활은 파경을 맞이하게 될지도 모른다. 존재적 삶이 아닌 기능적 삶을 살아온 중년 남성들은 자신의 존재를 파워와 결부시킨다는 점에서 성인아이와 같다고 말해주는 글도 있었다.

사회적으로 존경받는 직위, 매월 주기적으로 통장에 들어오던 월급 등 '파워'를 갑자기 상실한 남편을 그동안 너무 옥죄어온 게 아닌가 싶다. 나의 세계와 남편의 세계의 교집합을 키우기는커녕 나는 지금까지 그의 세계의 여집합에 나만의 세계를 더욱 공고하게 지어가고 있었던 듯싶다.

나는 삶의 지향점을 공유하며 영혼이 교감하는 삶을 나눠온 헬렌과 스콧 니어링 부부를 인생 롤 모델로 삼고 있다. 도반을 밖에서 찾으려 애쓰기보다 이 열정과 에너지를 모아 지금 여기 내 옆에 있는 이에게 건네야 하는 순간이라 여겨진다.

결혼 제도에 대해 이런 저런 생각을 이어가며 이런 글을 남긴 걸 보면, 나 역시 그 당시 남편에 대한 원망과 미안함이 버무려진 복잡하고 착잡

한 마음을 지녔던 것 같다. 남편은 지금 형제자매 전화도 잘 받지 않고 어머니 얼굴도 보지 않으려 한다. 지금 자신의 상태가 만족스럽지 않고 당당하지 않아서 일게다. 전화를 받아도 잔소리를 피하기 어려우니 반갑지 않고, 여전히 자신에 대해 기대를 품고 있는 가족이 부담스러울 법도 하다.

다음에 내 아들이 커서 이렇게 내 전화를 피하고 나와 인연을 더 이상 맺으려 하지 않는다면 나는 아들을 용서할 수 있을까? 이런 상황을 이야기하면서 남편을 설득해보려고 했지만, 남편 귀에는 마이동풍이다. 남편이 자신의 가족과 관계를 거의 단절해버린 탓에 나는 시댁에게 남편의 상황을 주기적으로 공유해주는 유일한 통로가 되어버렸다. 이제 더 이상 버틸 수 없다며 모든 것을 내려놓고 졸혼을 마음먹고 나니, 오히려 역설적으로 혼인관계가 더욱 단단해졌다. 남편과 사이도 좀 더 부드러워지고 시댁과 관계가 더 원만해진 것이다.

제3장
해빙기

가족여행으로 알게 된 속마음

졸혼을 결심한 후 집안에는 정적이 흐를 때가 많았다. 내가 잔소리 대신에 침묵을 선택하는 일이 잦아졌기 때문이다. 살기 어린 내 목소리가 줄어들자 집 안이 예전보다 한결 평화로워졌다. 하지만 남편과 나 사이에 차가운 분위기는 여전했다. 적대감을 갖고 으르렁거리는 건 자제했지만 남편에 대한 비난의 눈초리까지 거둔 건 아니었기 때문이다.

남편에 대한 내 행동을 바꾼 건 적어도 아이들이 아직 어린 시기에는 '가정'이라는 둥지를 지키고 싶었기 때문이다. 가정이라는 외형을 유지하기 위해서는 우선 깨져버린 '가족'이라는 일체감을 다시 이어 붙여야 한다고 생각했다. 이런 노력의 일환으로 선택한 것은 가족여행이었다. 가정 위기가 남달랐기에 국내여행보다는 좀 더 강한 인상을 남길 수 있는 해외여행을 가기로 결정했다. 한정된 재정여건과 가족의 선호를 고려해 목적지를 옆 나라 일본으로 정했다. 나를 제외한 모든 가족이 일본행은 처음이라 일단 수도인 도쿄를 가보기로 했다.

지하철로 도쿄 시내를 이동할 때마다 가족 중 그나마 제일 한자와 일본어에 익숙한 남편이 길잡이가 되었다. 타고난 길치인 나를 비롯해 우리 가족은 남편 덕분에 정신없는 동경의 지하철을 헤매지 않고 잘 이용할 수 있었다. 남편은 식당에서 더 활약을 했다. 심지어 일본어로 주문도 했다. "これ, これ ください。(이것, 이것 주세요)" 남편이 손가락으로 메뉴판을 짚으며 몇 개 단어를 말했을 뿐인데, 식당 주인의 얼굴이 한결 밝아졌다.

남편의 짧은 일본어가 부럽고 샘났다. 질세라 영어로 질문을 몇 개 던져봤지만 식당 주인과 통하지는 않았다. 영어를 못하는 분이었는지 난처한 표정만 짓고 그저 '하이'만 연신 읊는다. 이 상황이 꽤나 못마땅하던 차에 의기양양함과 뿌듯함이 가미된 표정으로 앉아있는 남편이 눈에 들어왔다.

짧은 일본여정의 아쉬움을 뒤로한 채 귀국하자마자 나는 제일 먼저 히라가나와 가타카나를 외웠다. 글자를 암기한 다음에는 일본어 기초 교재를 구입해 매일 저녁 퇴근 후 큰딸과 일본어를 한 챕터씩 공부했다. 일본어에 대한 내 갈증은 일본어능력검정시험(JLPT) N2까지 딴 다음에야 어느 정도 채워졌다. 지금은 실력을 유지하는 차원에서 여유시간에 회화공부를 하고 있다.

일본어 공부를 하면서 남편에 대한 내 속마음을 확실히 깨달을 수 있었다. 나는 남편의 재능을 존경하면서도 한편으로 무척 질투하고 있었다. 남편보다 일본어를 잘하고 싶다는 욕망에 공인 시험에 도전했고, 자격증 단계가 높아지면서 남편에 대한 우월감을 느끼며 뿌듯했다. 남편에 대한 패배의식이 낮은 자존감을 초래했고, 이런 기울어진 심리적 관계망이 우리부부 간 불행의 시작점이었다.

부부는 이기고 지는 관계가 아니다. 부부는 일방이 승자나 패자가 되는 경쟁관계가 아닌데도, 나는 학교와 사회에서 익숙했던 승자 독식 패러다임에서 결코 자유롭지 못했다. 그 결과, 결혼생활의 상당시간을 남편을 이기기 위해 써버렸다. 나는 늘 승자로 남고 싶어 했고, 말다툼 끝에 내가 논리가 약해지면 열패감에 휩싸여 수치심을 느꼈다.

육아와 요리처럼 보통 엄마들이 하는 일을 할 때도, 내가 남편에게 '졌다'는 억울한 마음이 들 때가 많았다. 남편은 하지 않고 나만 해야 하는 상황이 대다수였기 때문이다. 공정하지 못하다는 생각이 쌓아가면서 남편에 대한 원망도 커져갔다.

처음 만날 때 나를 매료시킨 남편의 매력은 모두 내게는 부족한 것들이었다. 비상한 기억력, 박식한 지식과 정보, 논리적인 언변, 초긍정 마인드, 넘치는 자신감. 나는 내가 갖지 못한 남편의 능력이 못내 부러워 나도 남편만큼 '잘 난' 사람이 되고 싶어 노력해왔다. 비록 뛰어난 기억력은 도저히 내가 후천적으로 따라잡을 수 없는 거라 포기했지만, 세월 앞에서 기억력이 흐릿해지는 남편을 보면서 다소 위안을 얻을 수 있었다.

남편은 갖고 있지만, 내게는 없는 역량을 갖추기 위해 참 치열하게 살았다. 다양한 장르의 책을 꾸준히 읽으며 세상을 좀 더 깊게, 넓게 이해하려고 했다. 조리 있게 말하는 힘을 키우려고 프리젠테이션이나 공식 발표 전에는 미리 꼼꼼하게 스크립트를 만들어 달달 암기하고 연습을 거듭했다. 낙천적이고 자신감 넘치는 태도를 갖추려고 감사일기와 미래 비전을 쓰면서 더 나은 내일을 꿈꾸는 사람으로 변신하고자 했다.

남편을 이기려고 20년 넘게 부지런히 살았더니, 가끔 내 모습이 제법 만족스러울 때가 있다. 나다니엘 호손의 〈큰 바위 얼굴〉이라는 소설 속 주인공인 어니스트는 큰 바위 얼굴을 매일 바라보며 좋은 사람이 되려고 노력했다. 어릴 적부터 큰 바위 얼굴처럼 되기 위해 열심히 살던 어니스트는 노년에 접어들어 정말 큰 바위 얼굴을 닮게 되었다. 자신이 동경하던 모습과 도플갱어가 되었다는 걸 알게 된 어니스트도 나와 비슷한 감정을 느꼈을까?

남편을 따라잡는데서 한 발 더 나가, 나는 남편보다 더 앞서고 싶었다. 남편이 포기해버린 '영어'라는 수단을 매개로 '박사학위'를 거머쥐었을 때는 남편이 감히 넘보지 못하는 고지에 드디어 당도했다는 승리감에 도취되었다. 사실 '박사'는 어린 시절부터 가슴 속에 깊이 간직한 나만의 열망이었다. 친정아버지는 나를 늘 '선생'이라고 부르셨다. 제법 공부를 했던 나를 치켜세우는 애정 어린 호칭이었다. 하지만 나보다 공부를 잘하지 못했던 두 살 터울 남동생은 '박사'라고 부르셨다. 아들이 크게 성공하기를 바라셨던 마음이 담긴 칭호였다.

내가 갖고 있는 능력을 그대로 인정받지 못한다는 것이 어린 마음에 상처였다. 아무리 부모님께 잘 보이고 싶어도 생물학적 성의 장벽을 넘을 수 없다는 사실에 좌절했다. 기필코 박사가 돼서 아버지로부터 '박사'라고 불리고 말겠다는 각오를 다지곤 했다. 영어공부에 매진해서 간신히 유학 티켓을 확보했지만, 당시 내 유학행을 반기는 우군은 주위에 단 한 명도 없었다. 시댁은 물론이고 친정도 내 결정을 이해할 수 없다는 반응이었다.

"올케, 유학을 갔다 오면 월급이 올라?"
"아니요, 박사과정은 긴데 장학금은 22개월만 나와요."
"그럼 이후엔 어떻게 생활하려고?"
"마이너스 통장 3개 만들었어요."

"○○ 엄마야, 애들이나 잘 키우지, 웬 유학 타령이냐?"

"유학 가면 애들이 자연스럽게 영어공부를 할 수 있잖아요. 제가 공부하니까 애들 학비는 다 무료예요."

시댁의 반대 이유는 결국 딱 하나였다. 내가 남편의 창창한 앞길을 가로막는다는 것이었다. 휴직을 기필코 하지 않겠다고 버티던 남편이 홀로 긴 시간을 견딜 자신이 없었는지 마지막 순간에 휴직을 결정했다. 잘난 아들에 비하면 그렇게 똑똑하지도 않은 며느리가 아들의 미래에 걸림돌이 된다고 시어머니는 끝까지 못마땅해 하셨다. '유학을 다녀와도 승진을 하는 것도 아니고 월급이 오르는 것도 아닌데, 개인 돈까지 엄청 들여가며 아들 인생을 꼬이게 만들지도 모르는 길을 왜 떠나는 건지 알 수 없다'는 게 시어머니의 속마음이었다. 어쨌거나 유학행 이후 우여곡절 끝에 남편이 퇴직을 하게 됐으니 내 유학이 남편의 미래 향방에 영향을 미친 것은 맞다.

"그냥 한국에서 살지, 밖에 나가면 한참 동안 못 볼 텐데."

"엄마가 저 있는 데로 한 번 놀러 오시면 되죠."

친정이 반대하는 이유는 딸의 안위였다. 낯선 이국에서 행여 무슨 일이 생기면 어떡하나 하는 걱정을 크게 하셨다. 자녀를 많이 갖고 싶었지만 건강상 이유로 딱 둘 밖에 낳지 못했던 어머니는 나와 남동생이 사고라도 당하지 않을까 늘 노심초사하셨다. 자녀들이 불혹을 훌쩍 넘은 지금도 친정어머니는 매일 정화수를 떠서 자식들의 건강과 안전을 비는 걸로 하루를 시작하실 정도다. 정도의 차이는 있었지만 양가의 반대는 오래 지속됐다. 가지 말라고 하니 더 가고 싶었다. 오히려 유학 가라고 등 떠밀었으면 그렇게까지 열심히 하지 않았을지도 모르겠다.

결과만 놓고 봤을 때, 남편이 부러워서 남편만큼 성장하고 싶은 내 욕구에 충실히 부응해서 살다보니 외적인 면으로 비춰지는 '스펙'으로는 꽤 성공을 거둘 수 있었다. 진정한 사랑에 빠지면 더 나은 사람이 되고 싶은 열망에 자신이 한계라고 여겼던 능력의 경계선을 계속 확대해간다는 글을 어디선가 읽은 적이 있다. 예전에는 불가능하다고 생각했던 영역에 도전장을 내밀고, 역량을 계속 높이는 과정 속에서 나의 외연은 넓어졌다. 이런 점에선 나는 미처 몰랐지만, 그동안 나만의 방식으로 남편을 사랑해왔던 건 아니었을까?

하지만 내실을 얼마나 기했는지를 냉정하게 따져보니, 그동안 나는 소중한 내 삶을 온전히 즐기지 못했다. 남편을 이기기 위한 소모적인 경쟁에 주로 몰두했기 때문이다. 남편과 나를 같은 선상에 놓고 끊임없이 비교하면서 혼자 힘들어하고, 홀로 자존심 상해하고 상처받았다. 긴장의 끈을 놓지 않고 성장을 향해 달려온 그간의 내 모습과 노력마저 매도해 버리고 싶지는 않다. 하지만 나는 결코 바람직하지 못했다.

열정의 기준을 외부에 두면 적당한 수준으로 삶을 즐기기가 어렵다. 타인과 경쟁하는 삶에서는 어쩔 수 없이 승자와 패자가 나뉘기 때문이다. 삶의 지향점을 바라보는 눈길을 외부가 아닌 내 자신으로 돌려야겠다고 마음먹으니 내 삶을 좀 더 객관적으로 바라볼 수 있게 됐다. 그동안 비참하게만 느껴졌던 내 인생이 사실은 그렇게 나쁜 조건이 아니란 걸 깨닫게 된 것이다.

10여 년 만에 펴 보는 결혼선물

어렸을 때부터 생일이 부담스러웠다. 세상에 태어난 것은 분명 축복받아 마땅한 일이지만 그날 내게 쏟아지는 관심이 부담스러웠다. 그렇다고 관심을 못 받는 것은 더 서글펐다. 생일날에는 마냥 숨어버리고만 싶던, 수줍던 아이가 생일을 조금씩 즐기기 시작한 것은 고등학교 무렵이었다. 당시 책과 장미꽃 한 송이 건네는 것이 한참 유행이었고, 나 또한 당시 관행에 편승한 것이다.

누구에게나 공평하게 주어지는 부담스럽지 않은 얇은 책 한 권과 꽃 한 송이. 정성어린 엽서 한 장. 물론 친구들 간의 인기를 한 몸에 받았던 몇 친구들은 이런 평균치에서 크게 상회하는 선물꾸러미를 한품에 안고 세상에서 제일 행복한 표정으로 집으로 향하곤 했다. 그러나 대개는 자신과 친한 몇몇 친구들의 선물에 만족하는 수준이었고, 나도 내가 챙겨준 만큼의 친구들에게 내가 건네준 정도의 선물만 받았다. '무난한' 생일이었던 것이다.

결혼한 이후라고 해서 생일이라는 단어가 특별한 의미로 다가온 적은 거의 없었다. 매사에 무심한 것이 장점이자 단점인 남편은, 아내의 생일을 챙기기에는 너무 바빴다. 딱 한 번 이벤트 비슷한 것을 경험해 본 적이 있다. 아내의 생일엔 축하카드 한 장 없었던 남편이, 같은 부서 여직원 생일에는 카드와 함께 꽃바구니와 케익을 보냈다는 것을 알게 된 거다. 서글픔을 직설적으로 표현한 이후 맞이한 생일 날, 남편이 사무실로 꽃바구니를 보냈다. 그러나 생일을 축하하러 늦은 밤에 집 근처 호프집에 갔던 우리는 아무 말 없이 뼈 없는 닭발만 부지런히 먹기에 바빴다. 낭만과는 꽤나 거리가 먼 생일 축하 자리였던 것으로 기억한다.

10년도 더 된 어느 날, 남편이 이번 생일에 뭐가 받고 싶은지 물어봤다. 한참 독서행진을 이어가던 때라 책 100권을 사달라고 하니, 이런저런 도움 안 되는 책을 읽기보다 제대로 된 행정 관료로 자리매김하기 위해 행정법 책부터 다시 읽어보라고 따끔한 조언을 했다. 그해 생일선물로 나는 행정법 책을 받았다. 고시 공부할 때 수차례 정독을 하고 달달 외울 정도로 공부했기에 행정법 책을 다시 펴보고 싶은 마음은 전혀 들지 않았다. 10년 가까이 내 책장에서 먼지만 뒤집어쓰던 행정법 책을 찾게 된 것은 2019년 1월 초였다.

새롭게 맡게 된 업무가 법에 대한 깊은 지식을 필요로 했다. 정책현장에서 현행법이 제대로 지켜지지 않아 강제집행의 유형을 만들어야 했다. 개념으로만 알고 있었던 행정의 실효성 확보수단인 이행강제금에 대해서 공부하고 신설될 법조문을 고민했다. 이행강제력을 높이기 위한 행정벌도 추가했다. 행정질서벌인 과태료와 행정형벌을 병과하는 방안을 마련해 입법을 추진했다. 이 외에도 행정심판 관련 업무를 담당하게 되면서 업무가 익숙해질 때까지 매일 행정법 책을 정독하게 됐다.

언론에서 관심이 많은 업무였기 때문에 한동안은 퇴근해서도 각종 법률을 뒤져가며 낯선 업무를 익히느라 분주했다. 수시로 걸려오는 기자들의 질의에 정신 똑바로 차리고 응답하지 않으면 엉뚱한 방향으로 기사가 나서 뒷수습을 하는 게 무척 힘들어졌기 때문이다.

가끔은 내가 추진하는 방향이 맞는 건지, 법률 조문 안이 괜찮은지 남편에게 자문을 구하기도 했다. 분량이 제법 될 때는 용돈을 주는 것도 잊지 않았다. 10여 년 전에 행정법 책을 선물로 받을 때는 이런 걸 생일선물로 받는 아내는 나 밖에 없을 거라며, 아내 마음도 못 읽는 무심한 남편이라고 원망했다. 지나고 보니, 남편은 10년 앞을 내다보는 선견지명이 있었고, 앞에 전면으로 나서는 건 아니었지만 물밑에서 아내를 적극적으로 내조하는 스타일이었다.

퇴직 후 대차대조표

다양한 분야의 행정을 담딩하다보니 업무를 제대로 추진하기 위해서 이런 저런 법을 계속 공부하게 됐다. 홀로 고민하다 답이 잘 안보이면 법 개정 방향이나 구체적인 조문 내용에 대해 남편에게 조언을 구하는 일이 잦아졌다. 그동안 남편이 전문성을 쌓았던 법률 분야에서 도움을 받게 되면서 남편을 좀 더 따뜻한 시선으로 바라보게 되었다.

남편이 퇴직한 지 햇수로 수년째에 접어드니 체념의 경지에 이르러서 인지, 제3자적 시선에서 바라볼 만큼 성숙해져서인지, 내 입장을 좀 더 객관적으로 평가하게 됐다. 놀랍게도 나는 우리 부부의 현재 모습에 대해 상당히 만족해하고 있었다.

무엇보다도 돈을 둘러싼 싸움이 확연히 줄었다. 아니, 생각해보니 돈 문제로 이제 거의 싸우지 않게 됐다. 남편이 돈 벌던 15년간 우리는 늘 싸웠다. 가장 큰 갈등은 시댁과 사이에서였다. 시댁은 모두 남편에게 엄청난 기대를 갖고 있었다. 공무원 월급은 빤하고 품위유지비에 엄청 쓰게 되는 남편은 지출이 수입을 껑충 뛰어넘었지만, 이런 경제상황이 시댁에 통할 리 만무했다. 남들보다 배 이상 지출을 하는 것을 모두들 당연하게 여겼다.

남편 앞으로 늘어만 가는 빚도 큰 갈등 요소였다. 하지만 이제 우리 가정은 빚이 없다. 남편은 내가 번 돈 안에서 생활비를 쓴다. 내 명의로 된 체크카드로 필요한 걸 구입하니, 절대로 빚이 생길 리가 없다. 돈이 없으면 장을 보지 않으면 되니. 월급이 나오기 일주일 전쯤부터는 통장 잔고가 아슬아슬하니 남편에게 미리 언지를 준다. 줄어든 잔고에 맞춰 남편은 장바구니에 채울 항목을 조절한다.

물론 남편이 돈을 벌면 지금보다는 조금 더 여유 있게 살 수 있을 거다. 하지만 그렇다고 하루 세끼를 다섯 끼로 늘려서 먹지는 않을 것 같다. 다만, 외식을 좀 더 자주 한다거나 수입쇠고기 대신 한우를 가끔 먹는다거나 하지 않을까. 하지만 돈을 벌면 예전 소비패턴대로 남편은 또 흥청망청 쓸 테니 이것 때문에 또다시 계속 싸우게 될 듯하다. 신혼 초 남편은 은행 돈이 다 자신의 돈인 것 마냥 계획 없이 써댔다. 마이너스 대출이 엄청나게 자유롭던 예전 시절 이야기다. 철없던 나는 남편의 호기로운 발언마저 내 장미 빛 미래의 신호탄이라 여겼더랬다.

지금 우리 가족은 낭비벽이 없다. 고작 해봐야 남편은 책을 사 모으는 게 취미지만 목돈이 들어가는 건 아니다. 아이들이 공부를 좋아하지 않으니 학원은 원할 때만 한두 개 씩 보낼 뿐이다. 아이들이 싫다고 하면 바로 끊는다. 공부 싫다는 아이들을 억지로 설득해 공부를 종용하기보다 내 삶이나 뜨겁게 살겠노라고 방향을 전환하고 나니 사는 게 한결 편해졌다.

육아도 남편과 늘 대립각을 세우게 하는 요소였다. 나는 남편의 도움을 기의 기대하지 못한 채 육아를 전담했다. 주중에 쌓인 육아스트레스를 남편이 오는 주말에라도 풀려고 했지만 오히려 주말에 독박육아로 인한 짜증이 더 커지곤 했다. 내가 막내를 포대기로 메고 첫째, 둘째 밥을 챙길 동안 남편은 당당하게 잠만 자면서 아이들을 돌보거나 놀아주는 일이 거의 없었기 때문이다.

내가 주말에 나가서 일하면 집안 살림을 시어머니에게 맡겨버린 못된 며느리이고, 남편이 주말에 일하는 것은 큰 일 하는 남자이니 당연하다는 불평등한 시선도 못마땅했다. 제사 때 피를 나눈 아들에게는 늦잠이라는 면죄부가 주어지고, 피한방울 안 섞인 며느리는 이른 새벽부터 음식준비라는 의무가 주어지는 것에도 화가 났다. 양성평등 업무를 담당하면서 성평등 가치관이 더욱 투철해졌기에 이런 기울어진 운동장 상황이 나는 늘 불만이었다.

지금은 아이들이 어느 정도 커서 육아 스트레스에서 상당부분 자유로워진 것도 있지만, 남편이 가사를 전담하면서 내가 자유시간이 많아진 것이 매우 만족스럽다. 집안 정리는 함께 하지만 쓰레기 분리수거는 거의 남편이 도맡아 하고 있고 빨래와 청소도 거의 남편이 하는 편이다. 운전을 싫어하는 나를 대신해 남편이 기사역할을 수행한다. 아이들 라이드가 필요할 때도 남편이 동반하고, 내가 없을 때 아이들 밥을 챙겨주는 것도 남편이다.

심적으로 든든한 것도 빠뜨릴 수 없다. 혼자 살았을 때 가장 힘들었던 것 중 하나는 밤에 잘 때 외부인이 침입하지 않을까라는 두려움이었다. 이제는 아들 키가 남편보다 크지만, 여전히 남편이 곁에 있으면 밤에 잘 때 든든하다. 보수적인 조직문화를 생각할 때 이혼이라도 하면 오지라퍼들의 시선을 끌고 입방아에 오를 수 있는데 이런 일을 미리 차단해버릴 수 있는 것도 맘에 든다.

이렇게 지금은 꽤나 만족스럽게 사는데, 그러면 나는 그동안 왜 그토록 남편을 미워하고 힘들어했던 것일까? 남편이 돈을 벌지 않아 불만스러운 점을 떠올려보니, 무엇보다도 내가 이 상황을 종종 불공평하다고 여기고 있었다는 것을 알 수 있었다. 우리 집에서 남편이 가장 사랑하는 장소는 소파다. 내가 기억하는 남편의 가장 익숙한 모습은 소파에 누워있거나 앉아있는 거다. 야행성인 남편은 아침부터 늦은 오후까지 잠을 즐기는 습관이 있다. 나는 나와 다른 생체리듬을 가진 남편을 늘 못마땅하게 여겼다.

내가 회사에서 바쁘게 일하는 동안에 남편은 몸 편하게 집에서 매일 빈둥대는 것처럼 여겼기 때문이다. 일이 너무 바쁘거나 피곤하고 스트레스를 많이 받은 날에는 나만 혼자 고생한다는 생각에 억울했다. 공정하지 못하다는 생각에 울분이 치솟을 때도 종종 있었다.

돈 안 버는 아빠 모습이 아이들에게 부정적인 영향을 끼칠 수 있다는 것도 마음에 걸렸다. 사회에서 제 역할을 하며 부지런히 살기보다 외부와 단절되어 방안퉁수로 사는 아빠. 세 아이들 모두 아빠가 검사로 활약하던 때 모습을 기억하지 못한다. 주말에만 잠깐 만나는 아빠는 자신의 일에 대해 이야기해주기보다 잠만 자기 바빴으니. 아빠의 직업을 이해하기에는 셋 다 매우 어리기도 했다.

밤낮이 바뀌고 매일 술을 마시는 남편이 미워질 때면 '이런 아빠라면 있는 것보다 없는 게 더 나은 게 아닐까'라는 생각이 들기도 했다. 하지만 남편이 사라지면 아이들은 매사에 열정온도가 끓어오르는 나와만 살아야 한다. 아이들에게는 그게 더 숨 막히지는 않을까? 오히려 남편 같은 극단치 냉탕과 나 같은 뜨거운 열탕 사이에서 아이들 나름의 인생관을 세울 수 있지 않을까라는 생각도 들었다.

　남편이 별다른 직업이 없으니 남들 시선이 신경이 쓰일 때가 있긴 하다. 하지만 남편이 없다고 남들 시선에서 자유로워지는 건 아니다. 오히려 더 신경이 쓰일 수도 있을 것 같다. 남편이 마음이 아니라 몸을 다쳐 몸져누웠어도 내가 이렇게 남들 이목에 주의를 기울일까? 남편은 마음이 아파서 일을 못하는 건데 나는 왜 이걸 부끄러워하고 못마땅하게 여기면서 남편에 대한 부정적인 마음을 극복하지 못하는 걸까?

　이렇게 현재 내 삶에 대한 대차대조표를 냉정하게 작성하다 보니 남편에 대한 부정적인 모습은 내 심리적인 편견과 나 스스로 만든 장벽에서 비롯됐다는 것을 깨닫게 됐다. 결국 내가 자초한 울타리를 직접 부수지 않으면 이 불만스러운 상태를 유지하면서 이렇게 계속 살아야 하는 것이다. 변화가 필요했다. 지금 바로 당장!

무엇이 '정상'인가

남편과 사이가 나쁠 때 남편에게 "당신, 참 이상한 사람이야!"라는 말을 자주 했었다. 별다른 대꾸 없이 내 짜증을 견디던 남편이, 하루는 무척 화가 났는지 "당신도 이상해."라고 되받아쳤다. 깜짝 놀랐다. 그동안 나는 내가 이상할 거라는 생각을 단 한 번도 해보지 못했던 거다. 40년 이상 살아오면서 왜 나는 나 자신의 '정상성'에 대해 그토록 확신을 가졌을까?

하지만 이내 깨달았다. 나 역시 정상치라는 범주에서 벗어난 지점이 꽤 있다는 것을. 나는 어떤 것에 관심과 흥미를 갖게 되면 집착하고 광적으로 좋아하는 경향이 있다. 영화나 노래가 좋아지면 출연배우와 가수의 프로필과 사생활을 속속들이 공부해야 직성이 풀린다. 연예계에 별다른 관심이 없는 남편 입장에선 내가 이상하기에 충분했을 거다. 다양한 종류의 사람이 존재하는 이 세상, 어찌 보면 우리 모두 다 어떤 점에선 독특한 존재일 게다. 그게 당연한 거고, 이런 다양성 덕분에 우리 사회가 더욱 활력 넘치고 역동적으로 굴러가는 거라 믿는다.

게다가 나는 미션 중독자다. 새로운 것을 시작하는 걸 무척 즐긴다. 이 점에 있어서는 내가 생각해도 나는 참 유별나다. 인간관계 폭이 좁은 탓인지, 주위에서 나와 비슷한 정도로 부지런히 계획을 세우는 사람을 그리 많이 만나보진 못했다.

열의가 넘칠 때는 매일 하루를 시작할 때 하루 계획표를 촘촘하게 짜곤 한다. 출근해서 퇴근할 때까지는 예정대로 일처리를 하는 것이 어려울 수 있기에, 보통 주중 계획표는 출근 전 2시간과 퇴근 후 3시간 정도에 맞춰져 있다. 계획표를 욕심껏 쉬는 날도 없이 짜는 경우가 많아 계획대로 지키지 못할 때가 많지만, 세부 플랜을 세우는 것만으로도 뿌듯해져서 계획의 여왕으로 사는 게 너무 좋다.

다음 페이지에 소개된 계획표는 내가 즐겨 세웠던 시간가계부의 한 예시다. 2018년 5월에 세웠던 월중 계획을 꼭지별로 매일 체크하고, 그 결과를 간략한 반성과 함께 기록해둔 거다. 가계부를 적는 사람들은 매일 수입과 지출을 꼼꼼하게 기록한다. 불필요한 소비가 없었는지 살펴보고 자신의 지출습관 중 개선할 점이 있는지 챙긴다. 시간가계부를 쓰는 나는 보통 사람들이 돈 관리를 하듯이 시간 관리를 한다.

이 당시 나는 내 삶의 지향점을 '매일 성장하기, 건강한 심신, 풍요로운 일상'이라는 세 가지로 설정하고 각 분야별로 연간 목표를 2~3개씩 정했다. 이 계획표에서는 목표가 다소 추상적으로 열거되어 있지만, 지금은 좀 더 검증이 용이하도록 구체적으로 정한다. 올해 나의 목표는 '세 번째 책 출간하기, 일본인 친구와 일본어로 자유롭게 일상 대화하기, 프랑스어 공인 인증 시험 DELF B1 합격하기'다. 일본어 실력을 키우기 위해 일본인 원어민과 주 2회 스카이프로 1시간씩 대화를 나눈다. DELF 시험 합격을 위해 퇴근 후에는 집 대신 도서관으로 향하는 중이다.

『2018년 5월 시간가계부 실천 사항』

비전	실천방법	실천 사항
매일성장	사내자료 정독 주1회	[실천] × [반추] 담당업무 처리에 몰입해 조직 내의 타 현안에 관심을 갖지 못함 [개선]격주 1회로 목표치 수정
	타업무 파악 주1회 점심	[실천] ○ [반추] 첫째 주는 거의 매일 점심을 사며 동향파악, 둘째 주 후 출장 등으로 거의 실천을 못함 [개선] 월평균 주1회 대신 매주 1회
	전화영어 12회	[실천] ○ [반추] 모던패밀리 암기 전념기간 동안 취소한 수업 다수 [개선] 마지막 수업 전까지 수업 취소한 쿠폰 다 사용하기

매 일 성 장	모던패밀리 쉐도잉 25회	[실천] ○ [반추] 목표량을 상회해 28회 쉐도잉 [개선] 매일 쉐도잉에 도전
	일본어 매일 90분	[실천] × [반추] 타 활동에 우선순위 밀림 [개선] 6월 스터디계획에 맞춰 매일 5분이라도 꾸준히 학습
	프랑스어 매일 90분	[실천] △ [반추] 사내강좌 참여 전후 지속 학습 [개선] 집중력 높여 완벽하게 숙지 노력
심 신 건 강	주3회 운동	[실천] △ [반추] 5월 중순 이후는 꾸준히 운동을 했으나 그 전에 는 체계적인 운동 미흡 [개선] 3주 건강프로젝트 성과를 바탕으로 건강프로젝 트 기간을 늘리는 것을 검토
	3일 연속 불평금지	[실천] × [반추] 하루 불평금지에 성공해도, 다음날 다시 제자리 걸음 [개선] 이틀 연속으로 목표치 낮추기
	감사일기 매일3개	[실천] ○ [반추] 일상 체화, 아이들이 감사일기에 자신의 이야기 를 넣어달라고 할 만큼 안착

일상풍요	새 책 주3권	[실천] ○ (32권)
		[반추] 읽은 책 권수는 많지만, 필사한 책은 13권에 불과
		[개선] 다독보다 정독을 지향하기, 읽은 책의 70%는 필사할 수 있도록 노력
	업무관련 주1권	[실천] △
		[반추] 32권 중 업무관련 두 권에 불과
		[개선] 월 4권에 재도전
	필사본 복습 주3권	[실천] ○
		[반추] 필사본 23권 복습
	급여 30% 저축	[실천] ×
		[반추] 가계부를 작성하지 않아 무계획적으로 소비하는 경향
		[개선] 지출을 수입 50% 수준으로 상한 설정, 소비규모 축소하도록 노력

나는 이렇게 매년 목표를 세우고, 그 해의 마지막 날 즈음에 블로그에 내 목표를 얼마나 달성했는지 기록을 남겨둔다. 목표도 새해 첫날 대신에 전년도 끝자락에 세운다. 하루라도 일찍 새해를 준비하고 싶기 때문이다. 신년 목표는 혼자 수립할 때도 있고, 마음 잘 맞는 친구 같은 큰 딸

과 함께 세우기도 한다.

회사일이나 공부 관련해서만 계획을 세우는 건 아니다. 캐나다에서 살 때는 손님을 초대해 평소보다 다양한 요리를 잔뜩 해야 할 때도 사전계획을 세웠다. 장볼 목록과 재료별로 만들 음식을 미리 생각해두고, 음식별로 완성하는 데 걸리는 시간까지도 계산했다. 계획한 대로 일을 처리하고 샐 틈 없이 시간 관리를 잘하는 날에는 내 자신이 더욱 자랑스러웠다.

부지런히 살기 위해 내가 선택한 건 새벽시간을 활용하는 거다. 누구나 하루에 쓸 수 있는 에너지의 양이 정해져 있다고 생각한다. 회사에서 일을 하고 퇴근해서 뭔가 의욕적으로 하려고 하면 이미 기진맥진해서 쉽지 않을 때가 많다. 그래서 가능한 새벽 5시대에 일어나서 출근 전에 두 시간 정도는 자기계발에 쓰려고 한다. 이 책도 이렇게 새벽시간을 활용해 쓴 덕에 세상에 나오게 되었다.

이처럼 아침형이자 계획형으로 사는 내게는 야행성이고 무계획에 가까운 남편이 '비정상'으로 비춰졌고, 반대로 남편 눈에는 내가 '비정상'이었다. 아이들은 아마 우리 부부 모두를 둘 다 '비정상'이라고 보지 않을까 싶다.

이렇게 철저하게 계획형으로 살아왔지만 나이가 들면서 어느 순간 내가 조금씩 남편을 따라 변하는 게 느껴졌다. 가끔씩은 계획 없이 빈둥거리며 하루를 보내는 것도 나쁘지 않았다. 물론 시간을 낭비했다는 죄책감이 물밀 듯 밀려오는 것까지 어찌해볼 도리는 없었지만, 이렇게 충분히 재충전을 하고 나면 다음날은 만족스러운 하루를 보낼 수 있었다.

비교적 돈 관리에 철저한 편이었지만, 베풀기 좋아하는 남편을 따라 마음 가는대로 선물도 하고 베풀다보니 남과 나누는 것의 즐거움도 알아버렸다. 정리와는 담벼락 쌓고 살았는데, 청소와 정리정돈을 나보다 더 잘하는 남편을 곁눈질로 보면서 이제는 내가 먼저 나서서 청소하고 정리하기도 한다.

서로 다르지만, 이렇게 닮아가는 모습이 싫지 않다. 20년 전에는 내가 이렇게 변할 거라고 상상도 할 수 없었다. 내가 지닌 가치관과 인생관만이 '옳다'라는 독선에서 벗어나지 못하면 결코 부부관계가 원만할 수 없다. 서로가 비정상이라며 손가락질만 하는 관계는 건강하지 못하다. 서로를 비방하는 두 사람이 만나서 빚게 될 부조화는 안 봐도 뻔하다.

하지만, 세상에 과연 '정상'이 존재할 수 있을까? 정상은 그저 우리가 보편적인 모습이라고 '믿는' 것 중에서 한 단면에 불과한 거 아닐까? 우리가 맹신하는 평균이라는 것이 얼마나 허상에 불과한 것인지를 여실히 드러내주는 사례가 있다. 1940년대 말에 매일 많은 조종사가 추락하는 사고가 잇따르자 미 공군은 사고 원인을 조사한다. 이후, 신체 평균에 따라 만들어진 조종석이 문제였다는 것이 밝혀졌다. 20년 전 평균 키와 가슴

둘레, 팔 길이에 따라 설계되었던 조종석의 평균에 딱 맞는 신체를 가진 조종사는 단 한 명도 없었던 것이다. 이후에 자신의 체형에 따라 자유롭게 조정이 가능한 좌석으로 바꾸게 됐다고 한다.

이런 '평균의 함정'과 마찬가지로 부부관계에도 '정상의 함정'이 있는 것 같다. 다양한 부부들 관계 속에서 보이는 모습들을 대충 평균치해서 이게 바로 바람직한 '정상 부부'라고 정의할 수 있겠지만, 과연 이게 모두가 동의하는 모습일까? 부부의 모든 관계 단면에 있어 '정상'이라는 것을 모두 갖춘 '완벽한 부부'가 과연 이 세상에 있을까? 어차피 모두가 수긍할 수 있는 100% 정상 부부가 존재할 수 없다면, 어느 모습의 부부라도 그들이 서로 만족하면서 결별이라는 극단적인 선택으로만 내닫지 않는다면 그 관계는 충분히 지속 가능한 사이인 게 아닐까?

각 개인의 다채로운 다양성을 지나치게 단순화하고, 이를 정규분포로 만들어 일정 범위까지 만을 '정상'이라고 부르는 것은 또 다른 형태의 폭력이 아닐까? 우리가 '정상'이라고 정의하는 표준과 평균에 집착하는 사이에, 개성을 지닌 많은 개인의 고유한 특성과 특징을 말살해버리는 건 아닐까? 배우자가 사회 안전을 해치거나 공공질서를 파괴하는 것과 같이 극단적인 위해를 끼치지 않는 한, 소중한 사람을 표준화해서 규범과 규준에 억지로 집어넣는 것보다 더 중요한 것은 그 사람을 있는 그대로 사랑해주는 게 아닐까? 이렇게 생각의 끈을 이어나가다보니 그동안 이상하다고 여기며 삐딱한 눈으로 바라봤던 남편이 이 세상에 유일무이한 '독특한(unique)' 존재로 여겨졌다.

종노릇 그만두기

학창시절 가장 취약한 과목 중 하나는 역사였다. 암기를 잘 하지 못했는데, 나는 역사를 무조건 외워야만 하는 과목으로 여겼다. 잘 외우지 못하니 재미가 없었고, 흥미를 못 느끼니 점수가 안 나오는 악순환을 반복했다. 남편과 연애하던 중에 다시 치렀던 1차 시험에서 낙방하게 된 이유도 낮은 한국사 점수 때문이었다. 하지만 큰 딸과 함께 한국사능력검정 시험을 준비하면서 역사도 재미있다는 걸 깨닫게 됐다. 스토리텔링 식으로 공부를 하다 보니 시대의 흐름을 바꾸기 위해 선봉장에 서서 용기 있게 행동하는 선조들의 행적에 가슴 뭉클한 감동을 느꼈다.

인류사 진일보에 가장 기여한 제도 중 하나가 신분제 철폐라고 생각한다. 물론 신분 제도 하나 없앴다고 세상의 모든 차별이 사라진 게 아니란

것쯤은 알고 있다. 경제적, 사회적, 문화적 자본의 차이로 인한 양극화와
계층화 심화가 아직까지도 또 다른 문제를 야기하고 있으니. 하지만, 내
힘으로 바꿀 수 없는 제약조건 때문에 만들어진 한계가 사라진 것만으로
도 우리는 미래를 꿈꿔볼 수 있게 된다.

1894년 갑오개혁을 통해 대한민국은 노비제도를 공식적으로 폐지했
다. 그런데 혹시 나는 내 마음을 남편의 외적인 조건에 묶어두면서 스스
로 노비의 삶을 자초해왔던 건 아니었을까? 남편이 내 마음에 흡족하지
않다는 이유로 계속 나를 불행의 틀 속에 묶어둔다면 종이 아니면 무엇
이란 말인가?

내가 마음에 안 들어도 우리 자신을 고치는 건 무척이나 어렵다. 나의
안 좋은 습관 중 하나는 과식과 야식이다. 바꾸겠노라고 다부진 결심을
해보지만, 아직까지 못 고치고 있다. 이렇게 내가 나도 못 바꾸는데 어떻
게 배우자를 바꿀 수 있겠는가? 내가 지금 불행하게 사는 게, 부족하고
못난 배우자를 만난 탓이라고, 늘 남 핑계를 입에 달고 살면 예속된 관계
에서 결코 자유로울 수 없다.

집착과 포기라는 양 극단 끝에서 갈팡질팡하던 삶에 종지부를 찍어야
겠다고 마음먹으니 그 다음부터는 일사천리였다. 생각보다 인간은 정말
유연한 존재라는 것을 확실히 느꼈다. 그동안 나는 남편이 안변하니 나

도 이렇게 살 거라는 노예와 같은 삶을 살아왔다. 내 삶의 주도권을 남편에게 맡겼던 거다. 내 감정이 중요한 게 아니라 남편의 사고방식과 행동거지가 내게 더 중요하게 여겨졌다. 외부로 표출되는 남편의 모습에 내 감정이 송두리째 종속되어 있으니, 남편의 사회적 지위가 급락한 뒤로는 남편과 같은 공간 안에 있으면 늘 우울하고 남편과 마주치는 것만으로도 기분이 안 좋았다.

내 마음의 중심을 잡겠다고 마음먹었지만 하루아침에 기적처럼 이 모든 게 가능해지지는 않았다. 그럼에도 흔들리고 종노릇하는 내 모습에 우울해하고, 또 다시 악착같이 마음을 다져먹는 과정을 거듭하다보니 조금씩 상황이 나아졌다. 당시에는 '나는 왜 이렇게 나약할까'라고 한탄하며 스스로를 탓했는데 돌이켜보니 이 모든 시행착오가 다 필요한 여정이었던 것 같다.

우리는 운동 전에 준비체조를 한다. 팔다리와 목을 가볍게 풀면서 평소에 잘 쓰지 않는 관절을 움직여 혈액순환을 촉진한다. 이런 사전 준비과정은 갑작스러운 운동으로 인해 근육이 긴장하거나 행여 있을 사고를 미연에 방지하는데 도움이 된다. 내가 겪었던, 지금도 가끔 겪는 이런 실수는 실패가 아니라 부부관계를 돌이킬 수 없는 상황으로 내몰지 않게 하는 제어장치라고 생각하니 마음이 한결 가벼워졌다.

요즘에는 남편을 바라볼 때 남편의 현재가 아닌 미래소득에 주목한다. 나보다 다섯 살 가까이 연상인 남편은 약 8년 후부터 200만여 원 정도 연금을 매달 받을 수 있다. 3급으로 시작했기에 가능한 액수다. 다행히 그때쯤이면 올해 중3인 막내가 대학까지 졸업한 직후다. 자녀들에 대한 부모의 도리는 다 마친 시기니, 인플레이션을 감안한다 해도 남편 연금만으로 우리 부부가 근검절약하면 그럭저럭 살 수는 있을 거라고 기대해본다.

남편이 나보다 먼저 연금을 받는다는 사실은, 정년 전이라도 원하면 나도 퇴직할 수 있다는 '자유'를 의미한다. 이것만 생각하면 잠만 자는 남편도 사랑스럽기 그지없다. 물론 지출규모는 지금보다 왕창 줄여야겠지만 큰 문제가 될 것 같지는 않다. 일단 아이들이 다 컸으니 목돈 쓸 일이 별로 없을 것 같고, 나 역시 사회생활을 하지 않는다면 품위유지비 지출이 대폭 줄어들 테니 말이다.

그렇다고 내가 빨리 은퇴해서 집에서 편히 쉬고 싶다는 생각으로 가득한 것은 절대 아니다. 일하면서 많이 배울 수 있고, 세상을 더 잘 이해할 수 있게 되어 기쁘다. 돈 주고 배워야할 것 같은데, 열심히 일한다며 매달 월급까지 받을 수 있어 국가에 대해 고마운 마음을 가질 때도 많다. 그럼에도 일하면서 내 한계를 느낄 때가 많다. 스트레스를 받을 때도 제법 있다. 이럴 때마다 내가 언제든지 원하면 '그만둘 자유'가 있다는 것만으로도 좀 더 힘을 내게 된다.

한국사 시험을 준비하던 즈음에 읽었던 역사책에서 내 가슴을 두근거리게 하는 문장을 만났다. 우리에게 인생이란 단 한 번밖에 주어지지 않는 것이기에 이 소중한 삶의 여정에서 답을 찾기 위해 고군분투하게 된다는 메시지를 담고 있었다. 내게 주어진 결혼이라는 제도에 대해 나는 그동안 어떤 해답을 갖고 살아왔고, 앞으로는 어떤 답을 찾기 위해 노력해야 할까?

여러 다양한 인간관계를 통해 우리는 새로운 것을 배우고 우리 나름의 답을 찾을 수 있다. 부부관계에 대해서 배우고 답을 찾으려면 남편과 아내가 중심이 되어야 한다. 다른 이들이 만들어놓은 여러 가정의 모습에서도 배울 점과 버릴 점을 찾을 수 있겠지만, 가장 중요한 것은 다름 아닌 내 배우자를 들여다보고 배우자에 대해 공부하는 것이다.

남편을 이해하려고 노력하는 그간의 과정은 모두 배움의 연속이었다. 나는 이미 남편을 다 안다고 생각했는데, 내가 알고 있는 모습은 빙산의 일각에 불과했다. 매일 일상사를 함께하면서 문득 깨닫게 된 남편의 새로운 모습에 놀라곤 한다. 저 사람은 이럴 때 기분 나빠하는구나. 이럴 때 기뻐하는구나. 이럴 때 속상해하는구나.

내 자신도 스스로가 잘 이해되지 않을 때가 많다. 남편은 하물며 남이다. 남을 속속들이 다 안다고 자신하는 것 자체가 교만이 아닐까? 요즘 나의 최대 숙제는 내 옆에 있는 반려자를 좀 더 이해해보려고 노력은 하지만, 온전히 다 이해했다는 섣부른 판단을 내리지 않는 것이다.

편견과 아집에 사로잡히는 순간, 부부 관계가 어려워질 수 있다. 부부 간에도 원만한 사이를 유지할 수 있을 정도의 적당한 거리가 필요하다. 내가 알고 있는 상대방의 모습이 절대 변하지 않을 거라는 섣부른 생각도 하지 말자. 배우자가 원치 않는데 삶에 깊이 관여해 이래라 저래라 잔소리만 늘어놓는 경계 없는 관계보다는, 상대가 도움을 필요로 할 때 따뜻한 마음과 시선을 건넬 수 있을 정도의 시크한 거리를 둬야 부부 간에도 건강한 관계가 오래 지속될 수 있다.

단어가 나를 지배한다

과장 보직을 받은 후에 필수적으로 받아야 하는 교육을 뒤늦게 받았다. 딱딱한 교육 사이에 말랑말랑한 교양강의가 하나 포함되어 있었다. 연수를 진행하던 강사께서 배우자에게 "여보, 사랑해."라는 카카오 메시지를 보내라고 하셨다. 10여 분의 쉬는 시간 후에 카카오톡 회신을 받은 이들은 문자를 공개하고 선물을 받는 이벤트가 이어졌다.

남편과 사이가 매우 좋았을 때도 우리는 이런 닭살 돋는 멘트를 주고받은 적이 거의 없었다. 응답을 할 거라는 기대를 거의 할 수 없었지만, 일단 문자를 보냈다. 조금 후에 예상치도 못한 남편의 문자가 도착했다.

"I also love you."

남편이 보낸 네 단어에 그다지 큰 의미가 없다는 걸 알았지만 그래도 기분은 좋았다. 연수가 끝나고 다음날 부부관계와 관련된 고민을 곧잘 털어놓으며 조언을 구했던 선배에게 이 에피소드를 이야기했더니 이런 멘트는 더 자주 주고받아야 한다면서 한 번 더 보내라고 강하게 권하셨다.

망설여졌지만 전날 보내온 남편의 회신이 내심 무척 기뻤는지 어느새 남편에게 두 번째 달달 문자를 보내고 있었다. 이번에는 조금 무리해서 귀여운 이모티콘까지 담았다. 한참을 기다렸더니 회신이 왔다. 역시나 뛰는 내 위에는 펄펄 나는 남편이 있다. 남편의 반응은 언제나 예측불허다. 그래서 더 신선하다고 느끼는 것일 수도.

"교육 끝난 거 아닌가?"

사랑한다는 말이 다른 남편들에게는 통하는 카드일지 모르지만, 내 남편에게는 그다지 효과가 없다는 걸 확실히 알게 됐다. 가끔 쓰는 건 괜찮지만, 이 단어는 자주 쓰면 약발이 떨어진다는 것도 알게 됐다.

하지만 새롭게 알게 된 사실이 있다. 진심을 온진히 담지 않았음에도, '사랑해'라는 단어를 남편에게 보내는 순간, 놀랍게도 애틋한 마음이 가슴 깊숙이에서 몽글몽글 솟아나는 게 느껴졌다. 결혼에 대한 바이블처럼 여겨지는 로버트 스탠버그(Robert Sternberg)의 〈사랑의 삼각형 이론〉에 따르면 사랑은 '친밀감, 열정, 책임감'이라는 세 개의 축으로 이뤄져 있다.

그의 이론을 한국 부부들에게 적용해봤더니 흥미로운 결과가 도출됐다. 결혼기간이 길어지면서 친밀감과 열정은 비슷한 형태로 변화했는데 결혼 5년까지 높은 상태를 유지하다 이후 하락 추세를 보이고 30년 이후에 증가했다. 책임감은 꾸준히 안정적인 패턴을 보이다가 역시 30년 이상 커플들에게서 매우 높은 수치를 보였다.

그동안 나는 '사랑해'라는 단어를 통해 가슴이 콩닥콩닥 뛰는 열정적인 감정을 기대했지만, 결혼 20년차 이상에 접어든 나에게 적합한 '사랑'은 단단한 책임감에 적절한 친밀감이 가미된 형태였던 것이다. 희망도 있다. 조금만 더 버텨, 결혼생활 30년이 넘어서면 우리는 처음 만났을 때 이상으로 열정과 친밀감을 느낄 수 있다.

'사랑해'라는 단어보다 남편에게 효과가 있는 매직단어는 '고마워'다. 나는 수년 전부터 감사일기를 쓰고 있다. 매일 있었던 일 중에서 고마운 것들을 떠올려 적게는 세 개, 많게는 열 개까지 기록을 한다. 요즘에 감사일기에 빠지지 않고 등장하는 주인공은 다름 아닌 남편이다.

아이들 방에 남편이 새 매트리스를 사다놔서 감사합니다
남편이 운전해줘서 편하게 불어학원을 갈 수 있어 감사합니다
남편이 마중을 나와 일어수업이 끝난 후 도서관에서 집까지 15분 정도

함께 걸을 수 있어 감사합니다

아이들 식사와 가사를 책임져주는 남편이 있어 감사합니다

남편이 가사를 도맡아 맘 편히 일과 자기계발에 집중할 수 있어 감사합니다

막내 방에 있는 벌레를 남편이 퇴치해줘서 감사합니다

컨디션이 안 좋다던 남편 상태가 회복돼 감사합니다

남편이 어젯밤 술을 마시지 않아 감사합니다

급히 핸들을 돌리다 체인이 벗겨진 아들의 자전거를 남편이 손봐줘서 감사합니다

가사를 전담해주는 남편이 있어 출근 전 공부와 운동을 할 수 있어 감사합니다

남편이 일찍 시험 보러 나가서 아이들 아침을 챙겨주면서 평소 가사를 전담하는 남편의 소중함을 느끼게 되어 감사합니다

남편이 졸지 않고 안전운전을 해준 덕에 무사히 친정행을 할 수 있어 감사합니다

친구와 약속이 있어 서울행을 하는 딸을 위해 남편이 기차역까지 라이드를 해 줄 계획이라 감사합니다

남편과 사이가 좋아지고 있어 감사합니다

아침에 남편표 미역국을 먹으며 아들 생일을 축하해줄 수 있어서 감사합니다

남편이 계란프라이를 해줘서 든든하게 먹고 출근할 수 있어 감사합니다

남편이 고등어구이를 해줘서 맛있는 아침을 먹고 출근할 수 있어 감사합니다

남편과 함께 걷기 운동을 하면서 부부애를 돈독히 다질 수 있어서 감사합니다.

어젯밤 남편과 함께 공원을 돌면서 1시간 가까이 운동을 할 수 있어 감사합니다

남편과 관계개선을 위해 조금씩 더 다정해지거나 남편이 원하는 것들을 해주려고 노력하는 등 조금씩 변해갈 수 있어 감사합니다

늦지 않게 남편이 TV를 틀고 방송을 틀어줘서 인터뷰했던 방송영상을 놓치지 않고 볼 수 있어 감사합니다

감사일기를 쓰다 보니 진짜 남편이 고맙게 여겨질 때가 많았다. 〈제임스-랑게 이론(James-Lange Theory)〉을 절감하게 된 것이다. 우리는 보통 슬프니까 운다고 생각하지만 제임스와 랑게는 우니까 슬퍼진다고 주장했다. 즉, 생리적, 신체적 반응이 특정 정서를 유발한다는 거다.

이 마법을 알게 되면 우리는 얼마든지 자기실현적 예언(self-fulfilling prophecy)을 꿈꿔볼 수 있다. 자신이 만든 조각상과 사랑에 빠진 피그말리온은 조각상이 사람이 되기를 염원하고 결국 그 꿈을 이룬다. 나도 피

그말리온처럼 내 남편을 내가 원하는 모습으로 바꿔버릴 수 있다. 더 좋은 건 돈도 안 든다. 남편과 싸울 필요도 없다. 남편은 그대로 두고, 내가 남편을 바라보는 렌즈만 바꿔 끼면 되니까.

나는 그동안 내가 느끼는 무수한 감정이 내 머리 속에 특정 실체로 존재하고 있다고 생각했다. 하지만 그게 아니라, 감정은 단지 몸의 반응에 따라 뒤따르는 것에 불과했다. 그래서 화를 내다보면 더 화가 났었나 보다. 남편과 싸울 때면 늘 길길이 날뛰는 나와 달리 비교적 냉정함을 유지하는 남편이 신기했는데, 남편이 성인군자라서 화를 내지 않았던 게 아니라 진짜 화가 나지 않았던 거다.

기분이 나쁠 때 소리를 질러대면 내 뇌는 화가 났다는 자극으로 받아들이고, 목소리에 한껏 바이브레이션을 넣고 목소리 톤을 더 올리라는 지시를 했던 거다. 내 몸은 중앙사령탑 뇌의 명령에 충실하게 반응했고, 고음 샤우팅 내 목소리를 들은 내 귀는 분노 게이지가 올라갔다는 감정을 다시 뇌에 전달한 거였다니.

이런 바이오리듬의 자연스런 흐름을 깨닫고 나니, 남편과 나의 관계에서 쓰는 단어를 긍정적으로 바꿔야겠다는 마음이 절실해졌다. 나는 부정적이고 어두운 단어를 내 삶에서 조금씩 덜어냈다. 이왕이면 밝고 상큼하게 남편을 묘사하는 단어를 정성스럽게 찾았고, 남편에 대해 속상한 마음이 들 때면 의식적으로 긍정적인 단어를 찾아서 상황을 바라보려고 노력했다.

예를 들어 남편이 우유부단해 보일 때는 예전처럼 결정 장애가 있다고 부정적으로 평가하는 대신에 '신중한 남편'이라고 치켜세웠다. 너무 원리원칙만 따지는 탓에 융통성이 부족하다고 불평하곤 했지만 이제는 '법 없이도 살 사람'이라며 윤리적인 자질을 높이 사기로 했다. 스킨십을 자제하지 못해도 동물 같다고 깎아내리지 않고 '아내에 대한 애정이 넘치는 사랑꾼'으로 탈바꿈시켰다.

모든 일에는 밖으로 보여지는 표면과 그 안쪽 눈에 잘 띄지 않는 이면이 있다. 배우자를 싫어하게 되면 그가 가진 특성 중에 부정적인 면이 자주 눈에 보이기 마련이다. 하지만 도드라지는 표면을 뒤집어 살펴보면 뒤쪽 면에는 내가 미처 깨닫기 못했던 긍정적인 성향이 자리하고 있다는 것을 알게 된다.

평범한 하루를 버티는 힘

인류사에 큰 족적을 남긴 이들의 삶은 화려한 스포트라이트를 받는 엄청난 사건들로 가득할 거라고 생각하기 쉽다. 하지만 위대한 사람들의 일반적인 특징 중 하나는 조용한 생활을 영위한 것이라고 한다. 실제로 아무리 뛰어난 성과를 거둔 위인이라 해도 그들의 삶을 찬찬히 들여다보면 몇몇 빛나는 순간을 제외한 대부분 그들의 일상은 흥분으로 가득 찬 인생과는 거리가 멀다.

비범한 이들의 삶이 이 정도니, 평범한 사람들의 삶은 얼마나 더 무미건조하겠는가. 이런 면에서 나이가 들수록 우리들은 이런 지루함을 실속을 챙기며 즐길 수 있어야 한다고 주장하는 이도 있다. 이것은 지루함을 억지로 참는다거나 지루하지 않기 위해 계속 자극적인 것을 찾아 헤맨다는 것과는 다른 것이다. 지루함을 그냥 받아들이고 지루함과 사이좋게 지내는 것이다. 지루함에 익숙해져서 그 지루함을 더 이상 지루하다고 여기지 않는 것이기도 하다.

수년 전부터 평범한 일상 속에서 만끽하는 '소확행'에 대한 관심이 커지고 있다. 외견상 고만고만해 보이는 평범한 일상 속에서 나름의 가치와 의미를 찾는 것의 중요함을 일깨워주는 습관이라 생각한다. 부부관계도 마찬가지다. 늘 똑같이 펼쳐지는 것 같은 일견 지루해 보이는 일상 속에서 차분하고 안정감 있는 소소한 행복을 누릴 수 있는 능력과 그 특권을 기꺼이 누리겠다는 마음가짐이 중요한 것일 게다.

가슴 뜨거운 열기와 두근거리는 감정이 더 이상 느껴지지 않는다고 지나버린 젊은 시절을 안타까워하기보다 그때와는 다른 느낌의 느긋하고 여유로운 감정과 어른스러운 배려가 어우러진 뭉근한 농도 짙은 관계에 만족할 줄 아는 지혜 말이다.

얼마 전에 〈사전연명의료의향서〉를 작성했다. 재작년에 업무를 통해 우연히 알게 된 뒤로 기회가 되면 꼭 신청해야지 마음먹었더랬다. 마침, 집에서 멀지 않은 병원에서 의향서 신청이 가능하다고 해서 하루 휴가를 내고 방문했다.

연명의료는 임종 과정에 있는 환자가 추가 치료를 통해서도 더 이상 몸이 나아지는 효과를 보지 못하고 단순히 목숨만 부지하는 기간을 연장하는 것에 불과한 의학적 시술을 의미한다. 사전연명의료의향서는 몇 가지 조건을 갖추게 되면 불필요한 연명의료를 더 이상 받지 않겠다는 의사를 죽기 전에 일찌감치 명시해두는 거다.

대다수 한국인에게는 아직 낯선 웰다잉의 한 유형이기도 하다. 생명을 중단한다는 점에서는 소극적인 존엄사의 한 유형으로도 볼 수 있지만, 스스로 호흡할 수 있음에도 더 이상 고통을 겪고 싶지 않아 적극적으로 삶을 마감하는 조력자살이나 안락사와는 전혀 다르다.

"인간으로서 존엄성을 지키지 못하면서 단순히 목숨을 부지만 하는 것이 어떤 의미가 있을까?"라는 생각을 평소에 자주 했다. 부부관계도 마찬가지라는 생각이 든다. 그동안 내 결혼생활의 대부분을 단순히 연명만 해왔기에 뼈저리게 후회되고 반성하게 된다. 부부관계는 단지 '연명'하는 게 중요한 게 아니다. 단순히 수명을 연장하는 수준의 '연명' 기간에 인간은 기쁨을 느낄 수 없다. 연명기간 중에는 인간으로서 가치와 품격을 유지한 채 생애를 만끽할 수 없기 때문이다.

부부는 다른 어떤 인간관계보다도 더 중요하고 친밀한 관계다. 의미 있는 부부관계가 되려면 생명력이라는 기본 요소에 나름의 가치가 부여되어야 한다. 이런 점에서 일견 지루해보일 수 있는 고만고만한 하루 속에서 소소한 기쁨의 삶의 의미를 찾아내기 위한 부부 쌍방의 노력이 중요하다고 본다.

　우리가 지금 누리는 평범해 보이는 하루하루는 사실 무수히 많은 우연한 사건들이 모인 결과물이다. 우리가 10진법을 쓰는 이유는 손가락이 10개이기 때문이라는 이야기를 들은 적이 있다. 만약 손가락이 8개였다면 8진법을 썼을 것이다. 프랑스어 숫자 공부를 할 때 흥미로웠던 건 20진법을 바탕으로 수를 표현한다는 점이었다. 예컨대 80은 4 곱하기 20이란 식이다. 직장 동료 중 한 분은 이걸 배우자마자 프랑스어에 정이 떨어져 불어공부를 포기하셨다는데 난 다른 언어에서 찾아보지 못한 특징이라 참 매력적인 언어라는 생각을 했더랬다.

　젓가락 크기가 그다지 변하지 않는 이유도 우리 손가락 크기가 변하지 않기 때문이다. 최초 도로는 영국에서 말 두 대가 지나가기에 적당한 너비로 설계되었다고 한다. 한동안 도로는 말의 엉덩이 크기 이상으로 진화하지 못했다. 우리가 당연하게 생각하는 것들이 이렇듯 우연의 결과인 경우가 꽤 있다. 부부의 일상도 마찬가지라고 생각한다. 우리가 지극히 평범하다고 여기는 지금 이 순간이, 사실은 정말 다양한 '우연'들의 적분일 수 있다. 이 사실만으로도 오늘이 좀 더 특별하게 여겨지는 건 나쁜일까?

　평범한 하루도, 사실 내가 마음먹기 따라 얼마든지 비범한 날로 격상시킬 수 있다. 지루해 보이는 시간에도 나의 열정을 채우면 다채로운 시퀀

스로 가득 차게 된다. 못나 보이는 남편도, 내가 어떻게 생각하느냐에 따라 멋진 남편으로 바꿀 수 있다.

잠자리에 들기 전에 우연히 어떤 인터뷰를 봤다. 천문학적인 개런티를 받는 것으로 유명한 한 헐리우드 배우에게 그를 계속 전진하도록 만드는 요인이 무엇인지 질문을 했다. 최근 3년간 가장 많은 수입을 올리는 배우 1위를 굳건히 지키고 있는 그가 어떻게 동기부여를 하는지 궁금했다. 말주변 좋다는 평판은 괜히 쌓인 게 아니었다. 그의 대답은 '대중, 관객'이었다. 자신을 보기 위해 전 세계에서 돈과 마음을 쓰는 이들이 자신이 계속 성장하고 앞으로 나가게 하는 동기와 목표가 된다는 것이다. 대중을 더 즐겁게 해주기 위해, 있는 힘을 다해 즐겁게 연기하고 좋은 작품으로 긍정적인 영향을 미치기 위해 노력한다는 말로 그는 인터뷰를 끝맺었다.
관객과 함께 성장하고 교감의 폭을 넓히기 위한 그의 선택은 대중의 강력한 지지를 받고 있다. 나 또한 그가 등장한 영화, 그의 목소리가 입혀진 애니메이션을 아이들과 흥겹게 감상했다. 세계적으로 유명한 그 배우처럼 엄청난 규모의, 뜨거운 열정 부대 팬이 있는 선 아니지만, 블로그나 브런치에 쓴 글을 보고 나를 지지하고 격려해주는 분들이 계셔서 나 역시 힘들 때도 있지만 포기하기보다 계속 성장하고 싶어진다. 내 부족한 글을 읽고, 마음의 위로를 얻었다는 분들이 계셔서 글재주는 없지만 글을 계속 써나가게 된다.

어른이 되면서 마땅히 짊어져야 하는 다양한 삶의 무게가 있다. 일을 하면서 다른 이에게 경제적으로 의존하지 않고 든든하게 버티고 서는 법을 배워나가야 했다. 아이들을 낳아 키우면서 힘들더라도 가족을 부양하는 책임을 져나가야 했다. 사회의 한 구성원으로 응당 져야하는 각종 부담과 의무도 빠뜨릴 수 없다. 24년 간 나만의 환경에서 살아오다 한 남자를 만나 햇수로 24년째 함께 하고 있다. 그동안 많은 일이 있었다. 끊임없이 변화를 거듭하는 해안의 경계선처럼 내 삶의 반경과 모습도 시시각각 변천을 거듭했다. 이런 변화 속에서 내 일상은 평범해 보이지만, 매일매일 조금씩 나아지면서 늘 새로울 수 있었다.

문득, 남편을 조건 없이 지지하는 최후의 1인으로 남아야겠다는 생각이 든다. 아이들의 시선에서 남편은 아직은 이해하기 어려울 수 있다. 다음에 아이들이 커서 한 사람의 '어른' 몫을 하다보면 어느 순간 부모가 짊어진 삶의 무게를 깨닫고, 점차 아빠를 더욱 이해할 수 있을 테지. 그 전까지 남편을 이해하고 격려하는 것은 온전한 내 몫이다. 남편이 하는 소소한 일들에 대해서 의미 부여를 하고 존중하고 때로는 격한 칭찬도 하면서 말이다. 이렇게 노력하다보면 남편의 하루도 지금보다는 때깔 좋아지겠지?

제4장
적응기

각자의 시공간을 누릴 자유

"부모님이 따로 주무신다고?"

이제 대학생이 되어 여러 친구들을 만나게 된 큰아이. 큰아이 친구가 놀라서 되물었다고 한다. 큰아이는 다른 집 부모가 같이 잔다는 사실에 더욱 놀란 듯하다. 어느 집에선 당연하게 받아들여지는 게 다른 집에선 독특한 리추얼로 보이는 경우는 허다하다.

사실 우리 부부가 잠자리를 달리 하게 된 특별한 이유는 없다. 물리적으로 방이 부족하다. 방은 3개. 사람은 5명. 누군가는 방을 공유해야 한다. 이미 훌쩍 커버린 큰 딸과 아들에게 방 하나씩 나눠주고 나니 남은 건 안방 한 개. 막내딸과 내가 안방을 공유했다. 남편의 즐거운 낙 중 하나는 가족이 모두 잠자리에 든 뒤에, 거실에서 호젓한 한밤중을 즐기는 거다. 술을 한 잔 하면서 영화를 보거나 책을 읽거나 공부를 한다. 남편과 나는 공간적으로도, 시간적으로 교집합이 거의 없다. 결혼 초기부터 남편이 퇴직할 때까지 15년 가까이 주로 주말부부로 살았기 때문인지 지금도 각자 공간에서 생활하는 게 익숙하다.

큰 아이가 대학생이 되어 대학 근처로 거처를 옮기면서 드디어 나만의 방이 생겼다. 작가가 꿈인 나는 늘 〈자기만의 방〉을 꿈꿨더랬다. 여성이 글을 쓰려면 돈과 자기만의 방이 필요하다고 속삭이는 버지니아 울프에게 큰 영향을 받아서인지도 모르겠다. 하지만 그녀가 주인공으로 등장하는 영화에서 보이는 울프의 모습은 신비롭지만 우울하다. 글 쓸 수 있는 공간이 도처에 산재했는데 왜? 아마도 정신이상이라는 악조건 속에서 이어나가는 글쓰기라서 일까? 자기만의 방은 여성의 홀로서기를 위한 충분조건은 될지 모르겠지만, 건강한 삶의 필요충분조건이 아닌 것은 분명하다.

자신이 남긴 최고의 명작은 바로 다름아닌 자신의 인생이라는 가슴 뛰는 문장을 남겼던 시몬 드 보부아르가 주로 글을 썼던 자기만의 방은 다름 아닌 카페와 같은 공공장소였다. 파리에 있는 '카페 드 플로르(café de flore)'같은 공간에서, 오전엔 글 쓰고, 점심을 먹고, 오후엔 친구들과 이야기를 나눴다. 일체의 가정사를 거부했던 그녀는 요리를 비롯한 어떤 살림도 하지 않았던 것으로도 유명하다. 가사야말로 여성의 자유로운 삶과 글쓰기를 방해한다고 여겼기 때문이다. 사르트르와의 계약결혼보다도 내 눈길을 사로잡았던 대목이다. 아이가 없었기에 지킬 수 있었던 삶의 신념이 아니었을까 싶다.

나만의 공간이 생기고 나니, 남편에게 슬쩍 미안한 마음이 생겨 전용공간을 마련해주기로 했다. 여분 방이 없어 별도 방을 하나 내어줄 수는 없는 형편이니 남편이 오매불망 바라는 서재 비슷한 공간을 마련해주기로 했다. 남편은 자기만의 방이 없는데, 나만 갖는 게 맞는 건지 살짝 고민도 됐지만 한국인의 집 구조와 관련한 책을 읽은 뒤로 죄책감을 덜어냈다.

서현 작가는 아들과 딸로 구성된 4인 가족이 방이 세 개인 아파트라는 표준화된 주거에 산다는 가정 하에, 어떤 방이 누구 것인지를 알아보기 위해 700가구를 대상으로 사례조사를 했다. 그 결과 한국적인 현상이라고 할 만한 특징이 발견됐다. 안방은 가족 중 부모의 방이라는 보편적인 인식이 있었다. 가정 내에서 최고 권력자가 사용하는 경향이 있는데 경제활동을 하는 이가 주로 부모이기 때문이다. 가끔 권력 전도가 일어나기도 하는데 자녀가 수험생이 될 때다. 생각해보니 나도 아들이 고3이 될 때 안방을 아들에게 양보했다. 사실 아들이 원해서는 아니었다. 너무 커서 썰렁한 안방보다 아담해서 아늑한 가운데에 위치한 아들 방을 내가 선호했기 때문이었다.

경제권 전도가 일어날 때도 안방 주인이 바뀐다. 남편이 퇴직하면 부부 사이에 권력 분할이 일어나기도 한다. 안방에서 추방된 남편이 향하는 곳은 거실이다. 거실 일부를 정리해서 텔레비전을 잘 볼 수 있는 소파 쪽으로 자신의 자리를 마련한다. 퇴직한 남성 가장이 거실 소파를 중심축으로 자신만의 공간을 마련하는 건 우리 가정만의 사정이 아니라 대한민국 보편적인 가정이 겪는 일이라는 걸 알고 나니 마음이 조금 편해졌다.

우리 집 이야기를 그대로 옮겨놓은 것 같은 글을 만난 후 남편에게 서재까지는 못 만들어 주더라도 최소한 남편 전용 책꽂이라도 마련해줘야겠다는 생각이 들었다. 늘 이런 저런 자격증 시험을 준비하는 남편은 책 사서 모으기가 취미다. 퇴직 후 남편은 5단 책꽂이 하나로는 턱없이 부족할 만큼 많은 책을 샀다. 그동안 남편 책을 이리 저리 아무렇게나 쌓아두거나 책꽂이에 성의 없이 대충 꽂아두곤 했었다. 그래서인지 책꽂이에 있어도 남편 책들은 마치 주차장에 질서 없이 이중 주차되어 있는 자동차마냥 안타까워 보였다.

남편 소유 책들이 겪는 총체적 난국을 타개하기 위해서는 거실에 따로 책장을 빼서 책을 따로 모아야겠다는 기특한 생각이 들었다. 파티션이나 별도 구획이 있는 건 아니었지만, 공간과 방 배치에 얽힌 권력구도와 관련된 책을 읽고 나니 남편에게 그만의 공간을 마련해주고 싶었다. 그래야만 남편의 잃어버린 권위를 조금이나마 되찾을 수 있을 것 같았다. 아이들에게도 남편은 내 '간부'니 존중하라고 일렀다. 물론 나부터도 노력해야겠다는 생각이 들었다. 남편의 시공간을 존중해주려고 방 배치를 바꿨을 뿐인데 달라진 배치 덕분에 남편에 대한 내 마음가짐도 달라지는 게 느껴졌다.

우리 부부가 각자의 시공간을 허용하는 건 비단 공부와 잠자리에 국한되지 않는다. 우리는 요리를 할 때도 각자의 시공간을 존중한다. 외교사절이 해외순방을 갈 때는 전권위임장을 받아 가게 된다. 그 국가에서만큼은 대한민국을 대표해 모든 권한에 대해 한 국가의 대표로서 활동을 하게 되는 거다. 가사분담에 있어서도 부부 간에는 이런 전권위임장을 서로 줘야 할 필요가 있다고 본다. 그래야 갈등의 크기가 줄어든다.

그동안 나는 부엌에서 요리하는 것과 관련해 자주 남편과 충돌을 빚었다. 남편은 짠 음식을 좋아해서 남편이 만든 음식은 내 입맛에는 너무 짰다. 화학조미료를 너무 많이 넣는 것도 못마땅했다. 하지만 내가 만든 요리는 남편 입맛에는 너무 싱겁거나 감칠맛이 부족했다. 우리는 서로 요리를 할 때만큼은 상호 간섭하지 않기로 했다. 내가 요리를 맡을 땐 내게 모든 걸 전권 위임하는 것이다. 포괄적인 위임을 받은 외교부 수장처럼 부엌을 진두지휘하는 셈이다. 간섭도 안 된다. 당연히 훈계도 안 된다. 옆에 우두커니 서있는 것도 불편할 수 있으니 안 된다. 다만 양파를 까거나 감자를 다듬는 것처럼 요리재료 준비를 돕는 건 요청이 있을 때는 얼마든지 가능하다.

부엌에서 살림하는 남편의 공간을 존중하게 되니, 남편의 요리 방식도 존중하게 됐다. 그 전에는 남편이 만든 음식이 짜서 늘 불평이 먼저였다. 지금은 너무 짜면 불평 대신 조금만 먹고 더 이상 젓가락질을 하지 않는 걸로 대신한다. 불평을 안 하는 대신 맛있으면 흡족해하는 표현을 적극적으로 한다. 먹고 사는 일은 매우 중요하다. 집 안을 깔끔하게 치우는 것도 매우 의미 깊은 일이다. 개인 삶의 출발점인 가정이 제대로 정리정돈이 되어 있고, 생존의 기반인 식사를 맛있게 할 수 있을 때 우리의 자존감도 높아진다.

범죄를 저지른 자들을 엄벌에 처했던 예전 남편의 직업은 사회 정의를 바로 세운다는 점에서 뜻깊은 일임에 틀림없다. 하지만 지금 남편은 우리 다섯 가족의 행복 출발점의 열쇠를 쥐고 있다. 오히려 우리 가족에게 있어 남편의 존재감은 퇴직 후에 더 높아졌다. 남편이 가사를 전담하게 된 뒤로 남편의 일거수일투족이 더 의미 있게 다가왔기 때문이다. 남편과 나는 이렇게 오늘도 서로의 공간과 시간을 존중하면서 하루를 시작한다. 우리 부부, 브라비(Bravi)!

염화미소와 우호적 무관심 사이

10여 년 전 신앙에 기대어 남편과 관계를 개선하기 위해 성당을 함께 다니며 세례를 받았다. 가톨릭 신자들은 종종 피정을 간다. 피정을 가면 보통 말을 하지 않는다. 남편이 이해되지 않고 화가 너무 날 때는 가끔 우리 집이 피정의 집이라고 상상을 한다. 피정을 왔기 때문에 아무리 화가 나는 일이 있어도 입 밖으로 내서 말을 하면 안 된다. 비난을 하고 싶어도 입을 다물어야 한다.

화를 내기 시작하면 더 화가 커지고, 조용히 삭히면 그다지 큰 일이 아닌 것처럼 여겨진다. 묵언수행을 하듯 살면 갈등의 최악은 피할 수 있다. 물론 문제의 근본을 해결할 수 있는 방법은 아니기에 송두리째 싸움의 근원을 파헤치고 말겠노라는 마음가짐을 가졌다면 권할만한 방법은 아니다. 하지만 우리 대부분의 다툼은 매우 사소한 것이 발단이 되는 경우가 비일비재하다.

쓸 데 없는 불평을 하지 않으려 말을 아끼며 보내는 날이 많아지자 이제 어느 정도 잔소리 컨트롤 능력치가 쌓이는 듯 했다. 바야흐로 단계를 높일 때가 된 것이다. 내가 싫어하는 것을 일일이 지적하는 것보다 내가 좋아하는 것을 슬쩍 알려주는 걸로 전환해봤다. 어렸을 때부터 스낵을 좋아했던 나는 아직도 종종 간식류를 찾는다. 건강에 좋지 않기 때문에 남편이 과자를 사다 놓으면 불량식품을 사왔다고 화를 내면서, 스낵이 다 떨어지면 응당 있어야 할 그 공간을 살피면서 짜증을 부리곤 한다. 이런 이율배반적인 내 모습에 완전히 익숙해진 남편은, 이제 과자가 떨어지면 알아서 내가 좋아할만한 것들로 종류별로 사다 놓는다. 나는 스낵이 당길 때 슬그머니 과자 봉지를 들고 내 방으로 들어가 웹툰이나 애니메이션을 보면서 낄낄거린다. 나랑 유머코드가 가장 잘 맞는 고3 아들이랑은 간식 코드도 잘 맞아 함께 할 때도 많다.

우리 부부의 이런 소통방법을 나는 염화미소 접근법이라고 부른다. 석가모니가 대중 앞에서 연꽃 한 송이를 보여줬는데, 그 의미를 깨달은 단 한 사람만 살며시 미소를 지었다고 한다. 우리 부부는 상대방이 마음에 드는 행동을 하면 이렇게 밝은 얼굴로 화답하는 식으로 소통할 때가 많다. 반대로 마음에 들지 않을 때는 무표정을 유지하면서 아무 말도 하지 않는다. 물론 상대에게 원하는 것을 직접 표현하는 것도 문제를 해결하는 좋은 방법일 수 있다. 하지만 나는 유독 남편에게만은 퉁명스럽게 대하는 편이기에, 다정한 화법을 쓰지 못할 바에야 차라리 침묵으로 불만을 간접적으로 표현하는 게 낫다고 생각했다.

앞에서 언급했던 미혼남녀의 결혼을 목적으로 한 해외 예능 프로그램은 제법 인기가 있어 여러 국가에서 제작되었는데, 일본 편에는 재일교포 남성과 한일 혼혈 여성 커플이 등장한다. 이 커플은 11세라는 나이차에도 불구하고 일본 내에서 사회적 약자로 소외를 경험했던 공통분모 덕분에 공감대를 형성하고 서로에 대한 호감을 갖게 된다. 하지만 이들은 함께 살면서 생각하지도 못했던 소소한 문제에 부딪힌다. 탈모가 걱정이 됐던 남성은 탈모약을 복용 중이었고, 그 부작용으로 머리카락이 많이 빠진다. 깔끔한 성격의 여성은 남성의 머리카락이 방 여기저기에 떨어져 있는 것을 견디지 못한다. 여성은 남성에게 머리카락이 보이면 바로바로 주울 것을 부탁하고, 그는 그렇게 하겠다고 한다.
하지만 너무 직설적인 여성의 화법에 불편한 감정을 느끼고, 머리카락이 떨어지더라도 바로 줍지 않아도 된다고 생각하는 남성은 결국 그녀와 함께 할 수 없다는 결정을 내린다. 이 커플이 서로의 입장을 조금만 배려했다면 결별에까지 이르지 않았을 수도 있다. 그녀가 화법을 조금만 바꾸거나, 그가 그녀가 중요하게 생각하는 지점에 대해 좀 더 적극적으로 대처했다면 말이다.

얼마 전에 만난 대학원 동기가 갱년기가 가까워진 우리 나이에는 영양제를 챙겨먹어야 한다며 자신이 복용하는 몇 가지를 선물로 줬다. 약 용기를 살펴보니 의사에서 사업가로 변모한 유명 방송인이 만든 제품들이다. 요즘은 그 친구를 생각하며 꼬박꼬박 영양제를 챙겨 먹는다. 알약을 삼킬 때마다 그 분이 방송에서 남편과의 관계에 대해서 언급했던 것들이 떠오른다.

우울증으로 힘들어하는 그녀와 갱년기에 접어든 남편은 서로에게 '우호적 무관심'을 유지하면서 각자의 삶의 방식을 존중하며 살고 있다고 한다. 부부가 각종 호르몬 변화로 인해 신체적, 심리적으로 힘든 과정을 겪고 있기 때문에, 같은 공간 안에서 서로 바라보기만 해도 우울한 눈빛이 서로에게 상처가 될 때가 많았다고 한다. 이들 부부가 선택한 문제해결 방법은 따로 살면서 정신적 유대감을 유지하는 것이다. '별거'라는 정 없는 단어 대신에 따뜻함과 쿨내 진동하는 '우호적 무관심'이라는 새로운 단어로 자신들의 관계를 정립했다. 역시 프로는 다르다.

대부분 책들은 부부간에 소통을 많이 하라고 한다. 하지만 내게는 그다지 효과적인 조언이 아니었다. 여전히 세상에 대한 의혹과 불신이 가득한 남편과 이야기를 나누다보면 의심 가득한 말투 때문에 싸우게 되는 경우가 많아지기 때문이다. 나는 남편과 이야기할 때 대화 내용에 집중하기보다 곧잘 남편의 화법을 트집 잡곤 했다.

남편과 관계가 어렵고 힘들 때는 나만의 '우호적 무관심' 전략을 취하기로 했다. 이 방법 중 하나는 사춘기 아이들을 대하듯이 남편을 대하는 거다. 세 아이들의 사춘기는 초등학교 5~6학년 즈음에 시작해 중학교 2학년쯤에 마무리됐다. 아이들의 사춘기를 겪으며 나는 그 시절을 어떻게 보내야 잘 지낼 수 있는 지 어느 정도 노하우를 터득했다. 무조건 잘해줄 것. 아이의 말에는 긍정적으로 대답할 것. 원하는 걸 해주되 잔소리는 하지 말 것. 대화는 필요 최소한만 하고 사랑의 눈길로 계속 지켜봐줄 것. 도움이 필요하다는 신호를 보낼 때는 조건 달지 않고 힘껏 도와줄 것. 나만의 '우호적 무관심'이라는 비장의 무기 덕분에 남편과 잘 맞지 않는 타이밍도 드디어 슬기롭게 넘길 수 있게 되었다.

24시간 CCTV 소통법

데이터가 각광받는 시대다. 정확한 정보와 다량의 데이터를 근거로 업무를 추진해야 유능한 일잘러(일 잘하는 사람)로 인정받는다. 마찬가지로 가족 간에도 사실에 근거해서만 소통한다면 더 나은 관계를 유지할수 있을 것이다. 막연한 추측과 성급한 일반화는 강한 감정을 불러일으켜 관심을 촉발하는 데는 효과적일 수 있지만, 문제를 합리적으로 해결하는 데는 걸림돌이 될 수 있다.

내가 그동안 남편에게 가장 불만스러워했던 것 중의 하나는 남편이 육아와 집안일에 소홀하다는 거였다. 내 머리 속 남편은 하루 대부분을 거실 소파에서 3 미터 반경을 벗어나지 않고 보냈다. 평일 아침에 내가 출근하기 전에 익숙한 남편의 모습은 소파나 안방에서 술 냄새를 풍기며 잠들어 있는 거다. 늦은 오후까지 잠을 잔 뒤에, 아이들이 학교에서 돌아올 때쯤에 일어나 식사를 준비한다. 요리가 귀찮으니 한 솥 가득 해두지만, 똑같은 반찬이 두세 번 연달아 나오는 걸 싫어하는 아이들은 외면하기 일쑤다. 주말에 깨어 있을 때 남편은 소파에 누워서 드라마를 보거나, 소파에 등을 대고 기대서 핸드폰으로 뭔가를 검색한다. 잠잘 때는 한낮에도 거실 모든 형광등을 다 켜놓는다.

그런데 남편이 정말 이런 모습으로만 살고 있는 걸까? 집 안에 CCTV가 24시간 가동된다고 상상하면서 남편의 일상을 유념해서 관찰해봤다. 놀랍게도 내가 막연히 생각했던 것과 남편의 하루는 무척 달랐다. 올빼미형 남편은 내가 일어날 무렵인 5시를 전후해서 새벽녘에 잠들기에, 아이들이 학교 갈 무렵까지 계속 자고 있는 경우가 많긴 했다. 하지만 내가 깨우면 일어나서 아이들 아침밥을 챙겨주려고 했다. 저녁에 퇴근해보면 아이들 저녁을 이미 챙겨줬거나 아이들이 먹을 만한 반찬을 한두 가지 정도를 하고 있을 때가 많았다. 물론 아이들이 먹는지 여부는 별개지만.

빨래가 되어 있을 때도 있고 청소를 할 때도 있었다. 일주일에 두세 번 쓰레기 분리수거도 열심히 하는 편이었다. 아들 자전거 바퀴 바람이 빠질 때 넣는 사람은 남편이고, 갑자기 우유나 계란이 떨어질 때 장보는 사람도 남편이었다. 운전을 극도로 싫어하는 나를 대신해, 갑자기 라이드가 필요할 때 가족의 발이 되어 주는 이도 남편이었다.

아이들을 돌보고 가사를 하는 데 있어 남편은 의외로 꽤나 성실했고, 나름 진심이었다. 하지만 게으른 나의 뇌는 남편을 두루뭉술한 부정적인 이미지로 만들고 가차 없이 비판하곤 했던 거다. 좀 더 객관적으로 상황을 살펴보려고 노력하니, 그동안 내가 얼마나 편협한 생각을 갖고 남편을 바라보고 있었는지를 확실히 깨닫게 되었다.

실제로 남편이 상당부분 역할을 해오고 있었음에도 남편에 대해 왜 이렇게 현실과 괴리가 큰 부정적인 이미지를 갖고 있었을까 생각해보니, 남편에 대해 지나치게 큰 기대를 갖고 있었던 게 왜곡된 시선의 출발점이라는 걸 알게 됐다. 어렸을 적부터 헌신적인 친정어머니를 보면서 어머니의 희생이 대단하다고 생각은 했지만, 마음 한구석에는 결코 어머니처럼 살지 않겠다는 각오를 다졌었다. 아내라는 이름만으로 당연하다는 듯이 헌신하고 싶지 않았는데, 희생이 불가피한 상황이 너무 많았다. 맞벌이임에도 주부에게만 주어지는 온갖 책임을 내가 오롯이 떠안아야 하는 상황이 치 떨리도록 싫었다.

어느 날 깨닫게 됐다. 내가 남편에게서 어릴 적 온 가족을 위해 하루 종일 희생하던 어머니의 모습을 기대하고 있다는 것을. 가족의 건강을 위해 인공첨가제를 최대한 자제한 자연식 요리를 척척 해내고, 먼지 한 톨 없게 집안일도 깔끔하게 해내는 남편을 꿈꿨던 거다. 그렇기에 걸핏하면

라면을 먹이고 인스턴트 음식을 주로 준비하는 남편이 불만스러웠다. 요리 하는 게 귀찮다고 아이들이 잘 먹지도 않는 음식을 한가득 해놓고 냉장고에서 변질될 때까지 처분하지 않는 것도 마뜩찮았다. 욕실 여기저기를 곰팡이가 낄 때까지 방치하다, 곰팡이를 제거하기는커녕 실리콘을 발라 곰팡이를 아예 통째로 덮어버리는 모습에는 기함을 했다.

하지만 곰곰 따져보니 나 역시 남편과 비슷했다. 남편이 없을 때는 나도 요리가 귀찮다고 대충 아이들에게 배달음식을 주문해주거나 반가공식 인스턴트 음식을 주곤 했다. 청소를 좋아하지 않기에 늘 '나중에'를 읊으며 간신히 숨 쉴 공간만 정리하곤 했다.

객관적으로 나를 바라보니 나는 가모장제의 전형이었다. 가정에서 군림하는 내 모습을 CCTV를 통해 누군가가 지켜보고 있다고 생각하니 소름이 끼쳤다. 회사에서는 이런 속마음을 숨기고 '좋은 사람' 흉내를 내면서 살고 있는데, 이런 솔직한 내 모습이 생중계된다고 생각하니 부끄럽기 그지없었다.

남편에 대해 서운한 마음을 갖게 된 또 다른 이유 중 하나는 공감 능력이 부족해서였다. 하지만 어느 날 막내와 대화 나누는 남편의 모습을 보니 내가 평소에 알고 있던 모습이 아니었다. 아이가 태권도 학원과 학교에서 있었던 이야기를 하니 "응, 그랬어?"라고 하면서 적극 호응하는 낯선 모습을 보게 됐다. 어쩌면 남편은 내가 미처 알지 못하는 새 이렇게 서서히 변해가고 있었는데, 내가 예전에 가졌던 선입관을 버리지 못하고 변한 남편을 애써 보지 않으려고 했던 것은 아니었을까?

나에 대해 무심한 남편에 대한 원망도 컸었다. 4년 전에 첫 책을 냈지만, 남편은 내 글에 전혀 관심이 없어 보였기 때문이다. 나는 생전에 남편의 인정을 받지 못했던 여류작가 펄벅을 떠올리며 애써 스스로 위로했다. 펄벅의 남편 역시 그녀에게 노벨상을 안겨준 〈대지〉를 비롯해 그녀의 책을 전혀 읽지 않았다고 한다. 아내가 쓴 글에 관심 없는 남편을 둔 나는, 내가 한국판 펄벅 팔자를 안고 태어났다고 마음 편하게 생각하기로 했다.

내 심경에 균열이 생긴 것은 남편의 변화가 점점 감지됐기 때문이다. 재작년에 두 번째 책 출간이 결정되자 축하한다며 내 기분을 한껏 고무시켰다. 심드렁하게 대꾸했지만, 기분은 좋았다. 내가 10년 만에 승진했을 때도 와인 사뒀으니 빨리 들어오라며 전화로 기쁜 목소리를 들려준 이도 남편이었다. 그동안 남편이 변하지 않는다고 짜증을 냈었는데, 변하지 않았던 것은 남편에 대한 내 태도였던 거였다. 자세히 보아야 느껴질 만큼 서서히 변해가고 있었지만, 어쨌거나 남편은 변하고 있다.

프로 덕질러 2인방

요즘 가장 즐거움을 주는 건 웹툰이다. 시작은 애니메이션이었다. 피겨 스케이팅을 좋아하는 큰 아이가 추천해준 프로그램을 시작으로 일본 애니메이션의 늪에 빠졌고, 급기야 올 초에는 라프텔을 내 돈 주고 결제까지 했다. 이어 레진 코믹스, 봄툰, 리디북스, 카카오 웹툰까지 섭렵해서 원 없이 감상하는 중이다. 학창 시절 이런 플랫폼이 없었던 게 어찌나 다행인지.

늦은 시간까지 야근하고 돌아온 밤에도 좋아하는 웹툰을 정주행하고 새벽녘에 잠드는 강행군을 이어갈 때도 더러 있었다. 쉴을 눈앞에 두고 뒤늦게 찾아온 덕질에 날밤을 새게 되다니. 신체 에너지는 고갈됐지만, 정신적인 즐거움이 워낙 커서 좀처럼 웹툰 덕질을 끊기가 어렵다. 애초에 균형이란 건 아슬아슬한 줄타기 사이에 찰나의 순간이 아닐까 싶다. 그만큼 중심을 잡기가 어렵다면 메마른 영혼에게 단비 같은 기쁨이라도 실컷 줘야 하지 않을까라는 궁색한 변명으로 야밤 덕질행을 이어갔다. 남편의 전용공간 소파를 뺐는데 성공해서 세상에서 제일 편한 자세로 누워 웹툰을 보는 순간을 무척 즐긴다. 아이들은 철없는 엄마라고 비웃곤 하지만, 남편은 웹툰 삼매경에 빠진 내 취향을 존중해준다.

얼마 전에 즐겁게 봤던 한 드라마에서는 '홍반장'이라는 별명으로 불리는 능력자 만렙러가 등장한다. 그는 자격증을 무려 10개 이상 보유하고 있다. 우리 집에도 홍반장이 있다. 여러 영역에 도전장을 던지고 하나하나 도장 깨기 하듯 자격증을 따고 있는 남편이 그 주인공이다.

지게차, 승강기, 자동차 정비, 전기기능사, 제과제빵 등에 이르기까지, 남편은 참 다양한 분야 자격증을 따기 위해 노력해 왔다. 한때 남편이 파티쉐나 요리사를 꿈꾸는 게 아닌가 싶을 정도로 요리에 관심을 보인 적이 있었다. 그 즈음 남편은 매일 오븐으로 빵을 구워댔다. 날이 지날수록 빵은 제법 향도, 모양도 제과점에서 파는 것과 비슷한 형태를 띠어갔다. 하지만 오래 가지는 않았다. 이런 저런 빵을 만들어보더니, "제과점에서 사 먹는 게 훨씬 싸고 맛있다."라는 결론을 낸 뒤로 빵 관련 조리 기구는 쳐다보지도 않았다. 새로운 것에 쉽게 흥미를 갖게 되지만, 한 번 갖게 된 흥미를 오래 지속하는 뒷심이 부족한 탓이다. 제빵 이후 남편의 관심은 주방기구로 옮겨졌다. 온갖 다양한 종류의 칼을 사 모으기 시작한 것이다. 덕분에 우리 집에서는 중식당이나 일식당에서나 볼 수 있는 독특한 칼들을 만나볼 수 있다.

남편이 다방면에 관심을 갖기 시작한 뒤로 우리 집 세간살이는 너덜너덜해졌다. 방마다 있는 형광등은 제대로 모양을 갖춘 게 거의 없다. 남편이 뜯어서 이리 저리 살펴보고 다른 것들로 교체해버렸기 때문이다. 남편이 손 댄 뒤로 접속불량인지 불을 켜도 한동안 점멸을 거듭한다. 방마다 있는 손잡이도 상태가 멀쩡하지 못하다. 분명히 상태가 안 좋은 방문을 바꾼다고 했는데, 남편이 손댄 후에 더 나빠지곤 한다.

두 개의 화장실에 있는 변기도, 남편이 고치겠노라고 의욕에 넘쳐 뚜껑을 뜯어버린 뒤 결국 실패하고 한동안 뚜껑 없이 민망한 채로 지내야했다. 남편이 수도꼭지를 바꾼 뒤로 욕실과 개수대 수압이 너무 낮거나 너무 높아서 아이들 불평이 꽤 컸었다. 오래된 휴대폰이나 노트북도 당연하다는 듯이 남편 품으로 간다. 남편은 한껏 신나서 분해해서 살펴본 뒤 엉성하게 재조합해두곤 한다. 얼마 전에 조그만 재봉틀을 산 뒤로는 옷도 함부로 못 버리게 한다. 본인이 리폼해보고 싶다는 거다. 하지만 정작 이 재봉틀을 쓰는 건 거의 보지 못했다.

그래도 이렇게 기술을 익히려고 노력한 게 헛되지 않았는지, 제법 성과를 낼 때도 있다. 우리 집 유일한 자동차는 동생에게 받은 10년도 더 된

구형 소나타다. 연식이 오래돼서 뒤쪽 창이 제대로 작동하지 않았는데, 얼마 전부터 부드럽게 잘 작동됐다. 남편이 으쓱해하며 말했다. 본인이 고쳤다고. 막내딸 아이패드가 고장 났을 때도 홀로 이리저리 알아보더니 액정만 직구해서 직접 교체했다. 물론 전문기술가만큼의 손길에는 미치지 못한다. 며칠 전, 그림 그리던 막내가 펜이 제대로 인식되지 않는다며 왕창 짜증을 냈으니.

나 역시 꽤나 도전적인 삶을 살고 있다고 자평하지만 내 도전은 대부분 외국어 도전에 그칠 때가 많다. 외국어에 욕심이 많은 나 못 않게 남편도 외국어에 관심이 제법 있다. 하지만 남편과 나의 외국어 공부 스타일은 매우 다르다. 나는 한 외국어를 시작하면 검정시험을 보면서 실력을 어느 정도 쌓은 후 다른 외국어로 지평을 넓히는 데 반해, 남편은 일단 관심 있는 외국어 관련 책을 전부 다 사둔다.

안타깝게도 남편이 공부하는 걸 본 기억은 없다. 공부도 안하면서 외국어 책을 쓸데없이 많이 샀다고 불평하다가도 정작 남편이 사 둔 책들을 요긴하게 쓸 때가 있다. 우즈베키스탄 출장을 길 때는 러시아어 인사말을 익히려고 남편이 사둔 러시아어 책을 펼쳐봤다. 업무 관련해 동남아에서 방문한 이들을 만날 때는 역시나 남편이 사둔 태국어와 베트남어 책을 보면서 기본 인사말을 익혔다.

남편의 관심사가 외국어 뿐만은 아니다. 대한민국 40만 명이 응시했다는 공인중개사 시험에 남편도 응시했다. 책만 사두고 거의 공부를 안 하기에 기대를 안 했는데, 시험을 앞둔 일주일동안 나름 열공을 하더니 1차 두 과목 모두 거뜬히 80점대를 맞았다. 공부를 거의 안 했던 2차 세 과목 중 한 과목은 과락도 넘겼다며 다음 해 치를 2차 시험 합격에 자신감을 보였다.

남편은 다행히 작년에 우수한 성적으로 시험에 합격했다. 하지만 사회성이 약한지라 부동산 개업까지는 바라기 어렵다. 그래도 자격증을 따두면 언젠가는 쓸모가 있겠지 싶다. 앞으로 집을 옮길 수도 있고, 아이들이 독립해 집을 고를 때 아빠의 전문가적 안목이 도움이 될 수도 있을 테니.

노년을 행복하게 보내려면 홀로 하는 취미, 둘이서 하는 취미, 여러 명이 함께 하는 취미가 필요하다는 글을 읽은 적이 있다. 프로 덕질러로 사는 우리 부부가 홀로 하는 취미는 많다. 둘이 함께 하는 취미가 있으면 좋을 것 같아서 남편에게 악기를 함께 배우자고 제안했다. 재작년에 홀로 배우다 중도에 그친 기타도 괜찮을 것 같았고, 거실에서 자리만 차지하고 있는 피아노도 함께 배우면 더 즐거울 것 같았다.

집 안에서 먼지 잔뜩 입고 굴러다니는 단소 같은 전통악기를 배우는 것도 괜찮아 보였고, 보컬 레슨도 받아보고 싶었다. 노래에 있어선 나와 남편 모두 아픈 기억이 있다. 나는 고등학교 음악선생님으로부터 '매우 답답한 목소리'라고 악평을 받았고, 남편은 초등학교 때 노래 부르다 음악 선생님으로부터 주먹으로 뺨을 얻어맞은 경험이 있다. 하지만 우리도 발성부터 전문적으로 배우면 지금보다는 좀 더 노력 실력이 나아져서 어릴 적 아픔도 치유할 수 있지 않을까.

아쉽게도 남편은 내 모든 제안을 일언지하에 거절했다. 시간이 없다는 거다. 책장을 가득 메운 수험서들을 보니 올해 준비 중인 시험도 한두 가지가 아닌 듯하다. 주택관리사, 농기계정비, 운전기능사, 에너지관리기능사, 타워크레인운전기능사, 통신선로기능사, 측량기능사, 배관기능사, 용접기능사, 중장비운전기능사, 화학분석기능사... 시험에 최종합격할 때까지는 어떤 시험을 보는지 정확하게 말해주지 않으니 즐비한 책들을 보면서 대충 감을 잡을 뿐이다.

거실 책상에 펼쳐진 책을 흘깃 보니 요즘 공부하는 분야는 전기기능사다. 전기라면 나도 미래차와 관련한 업무를 담당할 때 관심과 흥미를 가졌던 분야다. 다음에 산책할 때 전기 관련해서 평소에 궁금했던 걸 슬쩍 물어봐야겠다. 6년 선 남편이 시세차 자격증을 땄을 때 코웃음 치면서 의미 없는 곳에 시간과 돈을 낭비한다며 비난했던 내가, 남편의 덕질을 인정하고 나니 집안에 핑크빛 기류가 찾아든다.

유연한 거리두기

코로나19가 가져온 가장 큰 깨달음 중 하나는 당연하다고 생각했던 많은 것들이 사실은 그 존재가 당연한 게 아니었다는 것을 알게 된 것이 아닐까 싶다. 매일 마시는 공기를 당연하다고 생각해왔지만, 마스크 착용이 의무가 되니 마스크 없이 숨 쉬는 게 얼마나 고마운 것인지를 알게 됐다. 남편을 좀 더 따뜻하게 바라보자고 마음먹으니 그동안 당연하게 여겼던 많은 것들이 사실은 감사한 거라는 걸 깨닫게 됐다.

예전에 나는 남편에게 쓰레기 분리수거를 요청하면 남편이 '즉시' 해야 한다고 생각했다. 하지만 남편은 '언젠가' 하면 된다고 생각했다. 우리가 서로 느끼는 '당연함의 시차'와 '인식의 편차'로 인해 우리는 늘 다퉜다. 내 목소리는 더 높아졌고, 마땅히 해야 하는 일을 미루는 게으름뱅이 남편에 대한 원망이 커졌다. 하지만 이제는 다른 전략을 구사한다. 남편과 나 사이에 서로 다른 기대의 갭을 메꿀 수 있는 아이들이라는 카드가 있기 때문이다. 이제는 남편에게 요청하는 대신에 세 아이들을 동원한다. 자신처럼 깔끔하게 처리하지 못하는 아이들의 분리수거가 못내 못마땅한 남편은 소란스러운 소리가 들리면 벌떡 일어나 따라간다. 내가 원했던 시나리오대로 흘러가는 걸 지켜보면서, 큰 소리 내지 않고 얻게 된 결과가 만족스러워 나는 조용히 비시시 웃음을 흘리곤 한다.

부부관계에 대한 많은 책들은 동반자적인 대등한 위치에서 관계를 설정하기를 권한다. 하지만, 언제나 양 당사자가 100% 대등한 관계로만 이어지기란 어렵다. 때로는 내가 남편의 보살핌을 받는 존재로, 때로는 남편이 나의 케어를 받는 존재가 된다. 더 중요한 것은 내 삶에서 주인공은 나라는 사실을 잊지 않는 것이다. 나는 내 자신을 내가 주연을 맡은 영화 속 주인공이고, 남편은 내 광팬으로 설정해뒀다. 내 팬이라고 생각하니 남편이 어떤 모습이던지 간에 남편에게 친절하게 대하는 게 훨씬 수월해졌다.

남편이 내 삶이라는 영화 속에서 주연 배우급의 역할을 할 때도 있지만, 주로는 엑스트라 조연급 출연일 때가 많다. 깨어 있는 내 일상의 많은 시간과 의미 있는 사건은 일을 중심으로 흘러갈 때가 많다. 직장과 관련된 에피소드와 무수히 많은 장면 속에서 남편은 거의 등장하지 않는다. 아이들과 얽힌 여러 중요한 장면에서도 남편은 배제되어 있는 경우가 꽤 있다. 친정 가족들과의 서사에서도 마찬가지다. 남편이 의미 있게 내 영화 속에서 등장하는 건, 우리 온 가족이 함께 씬에 등장하거나 우리 둘만이 스크린 안에 등장할 때다. 24시간 중에 이 장면이 클로즈업되는 건 아주 잠깐이다.

내 삶에서 주연배우는 나라고 생각하니 남편과 나 사이의 거리를 유연하게 유지할 수 있었다. 코로나가 발발하고 2년 남짓 기간 동안 우리는 우리의 건강을 지키기 위해 거리두기 단계를 수시로 조정했다. 감염병 확산이 심각할 때는 고강도 거리두기를 했고, 완화추세를 보일 때는 그에 맞춰 거리두기 단계를 낮췄다. 방역을 위한 거리두기는 얼마나 전염병 상황이 심각한지, 감염자 수가 얼마나 많은지가 주된 기준이 된다. 남편과 나 사이의 거리두기 기준은 순전히 내 마음에 달려 있다. 나는 내 감정 상태와 컨디션을 비롯한 여러 가지 상황에 따라 스스로 거리두기 단계를 조정한다. 내 기분이 울적하거나 스트레스를 많이 받아 힘들 때는 고강도 거리두기를 한다. 기쁜 일이 있을 때는 거리두기 단계가 갑자기 낮아진다.

거리두기는 남편과 사이에서만 됐던 건 아니다. 시댁과 친정과도 거리두기를 했다. 시댁은 연락을 받는 것만으로도 마음이 불편해졌다. 지인 중 캐나다 남성과 결혼해서 캐나다에서 살고 있는 이가 있다. 그 친구에게는 시댁의 개념이 거의 없었다. 시아버지가 방문해도 집을 방문하지 않고 인근 호텔에서 주무신다고 했다. 함께 식사할 일이 있어도 며느리에게 요리를 하도록 강요하지 않고 인근 레스토랑에서 외식을 한다고 했다. 시댁과의 관계에서 불필요한 감정 소모를 하지 않아도 되는 그 친구가 매우 부러웠다. 다행히도 시댁은 이제 내게 큰 부담을 주지 않는다. 시어머니는 막내며느리인 나보다 가장 아끼는 막내 손녀에게 전화를 하셔서 아들의 상태를 묻는 경우가 더 많아졌다.

친정과 거리두기를 하는 이유는 간단했다. 친정집을 방문한 후에 남편과 내가 불필요하게 서로의 감정을 건드리는 일이 잦아졌기 때문이다. 직장생활에 지쳐 내가 살림할 여유가 없을 거라고 생각하시는 친정어머니는 각종 나물을 비롯해 여러 가지 먹을거리를 종종 주신다. 필요하다고 말하지 않았는데 알아서 챙겨서 보내주실 때도 있다. 문제는 우리 가족 어느 누구도 선호하지 않는 음식이 종종 따라온다는 거다. 결국 냉장고 안에서 처치곤란이 되어 상해서 버려지는 경우가 생겼다.

언제부터인가 친정에서 정체불명의 택배가 올 때마다 남편과 한바탕 실랑이를 벌이는 게 일상사가 됐다. 5인 가족 먹을거리로 이미 꽉 차 있는 두 개의 냉장고에, 냉동육류와 냉동어류, 냉동채소류를 소분해서 넣을 마땅한 공간을 찾는 것도 쉽지 않았다. 어느 날 어머니에게 솔직하게 말씀드렸다. 필요하다고 말씀드릴 때까지 더 이상 보내지 말아달라고. 내 이야기를 듣고 어머니는 무척 속상해 하셨지만 내가 일군 내 가정의 평화를 지키는 것도 소중했기에 어쩔 수 없는 선택이었다. 내 아이들도 언젠가 이런 거리두기를 선언할 테니, 갑자기 통보받고 마음 상하기 전에 미리미리 나도 마음의 준비를 해둬야겠다.

결혼이라는 색채의 향연

"나는 사회에서 잊혀 진 사람이오. 당신은 사회에서 더 일할 사람이오.
그러니 당신 건강을 챙기시오."

남편은 종종 합쇼체로 이야기를 한다. 내가 합쇼체를 싫어하는 걸 알게
된 아이들도 나를 놀리고 싶을 때면 아빠처럼 합쇼체로 말하곤 한다. 매
일 밤 자작하는 남편이 못마땅해 "건강 좀 챙기라."고 한 마디 했다가 듣
게 된 남편의 본심이었다. 맑은 정신에 말할 용기가 없었는지 술의 힘을
빌어서 말한 거다.

이 말을 들은 후 많은 생각이 들었다. 남편을 연민의 감정을 갖고 바라

보기 시작하니 술 마시는 남편의 속마음이 보이기 시작했다. 술잔을 함께 나누면 좀 더 깊은 속마음을 들을 수 있을 것 같았지만 아직 내공이 그정도 수준에 이르지는 못해 더 이상 잔소리를 하지 않는 것으로 대화를 마쳤다.

우리 사회는 경제활동인구에 지나치게 큰 무게중심을 두고 있다. 우리나라가 단기간에 경제중심 성장을 구가해왔기 때문일 거다. 그래서인지 비경제활동인구에 대해 제대로 된 평가와 관심이 부족하다. 밖에 나가 돈을 버는 일에는 큰 가치를 부여하면서, 집에서 보이지 않게 묵묵히 그림자 노동에 종사하는 전업주부에 대해서는 그다지 큰 의미부여를 하지 않는 경향이 있다.

전업주부 역할을 한다는 것만으로도 남편은 위축될 수밖에 없는 조건이다. 그런데 나는 세간의 곱지 않은 시선을 그대로 담아, 때로는 더 매서운 레이저 광선을 두 눈에서 쏘아대며 남편을 옥죄어왔다. 안 그래도 심리적으로 위축되어 있는 남편에게 때로는 거침없이 원단폭격식 언어폭력을 자행했다. 나는 성평등 의식이 매우 고양되어 있는 '깨어 있는 여자'라고 나름 자부심이 컸는데, 고정된 성역할에서 그다지 벗어나지 못하고 남편을 '깨는 여자'에 불과했던 거다.

결혼생활을 건강하게 지속하기 위해서는 부부간에 '신뢰'와 '존중'하는 마음이 있어야 한다. 존중하는 마음이 부족하면 자꾸 판단을 하고 정죄하게 된다. 나 역시 부족한 점이 많으면서 내 부족한 것은 통 크게 용서하면서 남편의 단점만 확대해석하게 되는 것이다. 나는 이 두 항목에서 남편에게 낙제점수를 주고 계속 평가하고 점수를 깎을 생각만 했다. 플러스 점수 주기가 필요하다. 점수를 빼고 싶은 일이 있더라도 가끔은 너른 마음으로 넘어가 주기도 하고, 조정안으로 타협할 필요도 있다.

재작년 아크릴화를 배울 때 서로 다른 색상을 조합해 원하는 색을 만들어내는 과정이 있었다. 빨강과 파랑을 비슷하게 섞었는데, 섞을 때마다 다른 느낌의 보라색이 만들어지는 게 신기했다. 채도와 명도가 조금씩 달라지면서 다양한 느낌이 감도는 보라빛 컬러를 만나면서, 우리 감정도 이렇게 시시각각 변하는 게 아닐까라는 생각이 들었다.

비슷한 상황에서, 비슷한 언행을 마주하지만, 거기에 대한 나의 반응은 다를 때가 많았다. 그때그때 마주하는 내 감정이 달랐기 때문이다. 남편과 나의 관계망에서 내가 원하는 예쁜 보라색을 만들지 못했다면 남편이 갖고 있는 파랑의 농도뿐 아니라 내가 지닌 빨강색 물감의 양이 너무 지나치거나 너무 모자랐기 때문일 거다. 결혼이란 이렇게 원하는 딱 그 색을 찾아내기 위한 과정이 아닐까? 설혹 원하는 색이 나오지 않는다 해도 이미 만들어진 색에 만족할 줄 알고 다음에 좀 더 고운 빛을 만들어내기 위해 서로 조금씩 더 노력하는 과정 말이다.

브런치 관심작가 중 결혼 20년차인데도 깨소금 쏟아지게 지내는 분이 있다. 서로 아낌없는 사랑을 주고받는 모습을 보면서 이 부부의 딸은 엄마 아빠를 천생연분이라고 말한다. 하지만 이 작가분의 남편은 이 세상에 천생연분이라는 건 없다고 강조한다. 인연은 당사자들의 노력 없이 어느 날 그냥 행운처럼 하늘에서 뚝 떨어지는 게 아니라 부부가 서로 노력하며 함께 만들어가는 것이기 때문이다.

같은 부부인데 왜 누구는 행복하고, 누구는 불행할까? 톨스토이는 '행복한 가정은 다 비슷하고 불행한 가정은 저마다의 이유가 있다'고 했지만, 내가 보기엔 불행한 가정도 다 비슷한 형태를 띠고 있다. 매우 단순화해서 말하면 이렇다. 행복한 가정은 서로를 존중하고 아껴준다는 것, 불행한 가정은 상대방보다는 내 행복과 안위만을 최우선으로 한다는 것. 결국 사람이 문제인 것이다. 어떤 사람이 보유한 자질과 태도, 삶을 바라보는 자세는 그 사람의 삶의 수준과 관계망의 농도에 영향을 미친다.

부부 간의 신뢰 정도를 알아볼 수 있는 측정도구가 있다. 부부관계 관련 여러 책에서 소개를 하고 있어서 나름 신뢰성이 높은 체크리스트라고 판단됐다. 총 42개의 항목에 대해 나온 점수를 모두 더해서 52점 이하가 나오면 부부 간 상호 신뢰가 매우 낮은 상태이다. 관계회복을 위한 노력이 필요하고 점수가 계속 낮다면 상담도 받아볼 필요가 있다. 53점 이상과 105점 사이라면 신뢰 수준이 중간인 상태다. 기본 믿음은 있지만 불확

실성이 있으니, 노력을 통한 개선이 필요하다. 106부터 만점인 210점을 받는다면 배우자에게 깊은 신뢰감이 있는 상태다. 이 범위 안이지만 점수가 낮다면 부부 간 더욱 적극적인 대화가 필요하다.

올해 이 표로 계산해보니 내가 평가한 남편의 신뢰점수는 무려 154점이 나왔다. 예상했던 것보다 남편은 내게 꽤나 믿음직한 배우자였던 것이다. 하지만 남편 눈에 비친 나의 모습이라고 생각하며 매긴 점수는 132점에 불과했다. 남편보다는 내가 좀 더 노력이 필요한 상황이긴 하지만 어쨌거나 둘 다 신뢰수준이 상위로 나왔다. 그동안의 노력이 헛되지 않아, 서로를 상당히 신뢰하고 있다는 것을 객관적으로 인정받게 된 듯싶어 무척 기뻤다.

나만을 생각하는 관계는 부부관계뿐 아니라 어떤 관계에서도 지속가능성이 담보되지 않는다. 나 자신과의 관계에서도 마찬가지다. 근시안적으로 나를 챙기는 사람이라면 내 미래를 위해 오늘 나의 행복을 양보할 생각이 없다. 내 미래의 건강을 위해 오늘 좀 더 건강식으로 챙겨먹을 만큼 지혜롭지 않다. 하지만 진정으로 나를 위하는 사람이라면 내일의 나를 위해 오늘 나의 욕망을 절제할 줄 안다. 오늘의 나와 미래의 나 사이에서 균형점을 잘 잡으며 하루하루를 살아갈 때 더욱 나은 나를 만들어갈 수 있다. 부부관계도 마찬가지다.

남편도 나도 경제적으로 흙수저 집안이다. 그래도 부모님이 나름 화목

하셨던 우리 집과 달리 남편은 부부싸움이 그칠 리 없는 집안에서 자라 사랑을 받지 못해 정서적으로도 흙수저다. 하지만 지금부터라도 우리 부부가 노력하면 정서만큼은 아이들에게 금수저를 물려줄 수 있으리라. 인생이라는 여정, 향연이라는 진중하고 무거운 단어도 좋고 소풍이라는 설렘과 즐거움 가득한 단어도 좋다. 남편과 함께 지금처럼 조금씩 노력하면서 우리 부부만의 행복공식을 만들어가고 싶다.

제5장
성숙기

프로마누라 예행연습

남편에게 좀 더 나은 아내가 되고 싶은데 마음만큼 쉽지 않았다. 극단적인 가정을 하면 조금 더 수월해질까 싶어서 매일 오늘이 남편과 보내는 마지막 날이라고 생각하기로 했다. 매일 아침 거울을 보면서, "오늘이 이 세상을 사는 마지막 날이라도 나는 오늘 내가 하려는 일을 원할 것인가?"라는 질문을 스스로에게 던졌다는 스티브 잡스라도 된 것처럼 말이다. 남편에게 다정하게 대하는 게 어려울 때면 나는 내 자신에게 "오늘이 내 인생 마지막 날이라도 나는 남편과 이 모양, 이 꼴대로 사는 걸 원하는가?"라고 물었다.

나는 세상 모든 것은 공부를 통해 좀 더 잘해낼 수 있다고 믿는다. 부부 관계 역시 더 나은 아내, 남편이 되기 위해 좀 더 노력하고 공부하면 보다 이상적인 커플로 거듭날 수 있다고 생각한다. 얼마 전에 인상 깊게 봤던 영화 중 자신이 좋아하는 사람이 더 나은 사람이 되도록 고군분투하는 여정이 담긴 작품이 있었다.

이 영화 속에서 전교 1등을 도맡아 하는 여자 주인공은 모범생을 평가절하하면서 허세에 찌들어 노력하지 않는 남자 주인공에게 일침을 날린다. 그녀는 자신이 무시하는 건 '자신은 노력도 안 하면서, 열심히 사는 사람을 무시'하는 거라고 강조한다. 여주는 공부를 안 해서 자신보다 더 명청한 남주를 무시하고 싶지 않아서, 애써서 그를 공부시킨다.

이 영화를 보면서 두 가지 깨달음을 얻었다. 첫째, 괜찮은 아내가 되려고 노력하는 나의 시도는 긍정적으로 평가받아야 마땅하다. 남편은 그대로 두고 나 홀로 변화하려는 게 무슨 소용이 있냐며 모든 노력을 허사로 돌려버리는 주위의 목소리가 들린다면 그건 과감히 무시하자. 두 번째는 어쩌면 변할 수 없을 거라고 지레 포기해버린 남편이, 사실은 내가 원하는 모습으로 조금이라도 바뀔 수 있는 건 아닐까? 영화 속 여성주인공이 자신이 좋아하는 사람을 조금이라도 변화시켰듯이 말이다.

아이들이 대학을 졸업하면 독립시킬 계획이다. 아이들에게 필요한 것을 미리 알아서 챙겨주는 '과잉 엄마'보다 아이들이 원하는 것을 말할 때만 도와주는 '적정 엄마'로 변하기로 결심한 후 이렇게 마음을 먹었다. 그 전에는 아이들이 재정적으로 독립할 수 있을 때까지 내 품 안에서 돌볼 생각이었다. 하지만 이런 방식이 아이들에게 결코 도움이 되지 않는다는 것을 알게 되었다.

요즘에는 틈날 때마다 아이들에게 누차 강조하고 있다. 대학진학을 하면 졸업까지는 뒷바라지를 해주겠지만 이후는 직장을 구하든 아르바이트를 하면서 살든 나가서 홀로 살라고. 막내가 중학교 3학년이니 4년제 대학을 간다고 하면 앞으로 8년 후에는 나와 남편, 단 둘이 살아야 한다. 그동안 아이들에게 쏟았던 과도한 애정을 남편에게 조금이라도 나눠줘야 할 때다.

로맨스 웹툰을 즐겨 본다. 내가 이런 만화 속 주인공이라고 가정해보면 남편에게 얼마든지 사랑을 표현할 수 있을 것 같기도 한데 아직까지는 어려운 게 사실이다. 그래서 웹툰에 더 빠져들게 되는 것 같다. 현실세계에서 남편과 달달 로맨스가 부족하니 2차원 가상 세계에서 대리욕구를 충족시키고 싶어 하는 본능의 발로가 아닐까 싶다.

유머 넘치는 필력이 매력적이라 좋아하는 한국작가가 있다. 그 분의 단편 소설 중 미소년 인형에 빠져 가족보다도 인형을 더 아끼는 할머니 이야기가 있다. 큰아들의 시점에서 풀어낸 이 작품에서 주인공은 일흔이 된 어머니다. 아버지 사별 후 홀로되신 어머니는 늘 흐트러짐 없는 모습을 보였다. 자식들에게 부담주지 않으려고, 자녀들과 만나는 것도 최소한으로 하면서 어머니는 홀로 잘 지내고 계셨다.

그런데 칠순기념 여행지인 제주도에서 만난 어머니는 아들 형제가 알고 있던 모습이 아니었다. 패딩 점퍼에 백팩을 메고 한 손에는 초등학생 크기의 인형을 안고 나타났다. 그 인형에는 무려 '00장군님'이라는 이름도 있었다.

이 장군님은 가족의 2박3일 모든 여정에 함께 했다. 어머니는 말을 탈 때도 이 장군님을 먼저 태우고, 그 뒤에 수줍은 소녀마냥 타서 만족스럽게 손가락으로 브이 자를 그렸다. 어머니가 병에 걸린 것 같다고 걱정하는 큰 형에게 동생은 어머니가 인형 장군님과 사랑에 빠진 거라고 어머니의 현 상황을 진단한다.

7페이지 밖에 안 되는 짧은 소설이었지만, 마냥 웃기에는 뒤가 켕겼다. 인형에 불과한 가짜 장군을 연인처럼 대하는 할머니 모습에서 웹툰 속 주인공들에게 흠뻑 빠져 지내는 나 자신이 오버랩됐다.

가상존재들에게 현혹되어, 내 앞에서 사랑을 갈구하는 남편이라는 실존 인물을 외면한 내가 맞이하게 될 최후의 모습이랄까? 소설 속 할머니처럼 우스꽝스러운 노년을 맞이하지 않으려면 지금부터 남편에게 사랑을 듬뿍 나누는 연습을 해야겠다는 생각이 들었다.

프로 마누라 예행연습일은 예상보다 일찍 찾아왔다. 평일에 모처럼 맞는 휴일을 무척 사랑한다. 남들 다 쉬는 빨간 날이 아닌, 나만 쉬는 나만의 빨간 날에 유독 더욱 행복해진다. 그리고 보면 정말 행복은 멀리 있지 않다. 상대적이기도 하다.

아이들이 학교 간다고 부산떨며 준비할 때 여유 만만한 아침을 즐기며 누리는 기쁨은 곧잘 남편에 대한 질투심으로 변하기도 한다. 전업주부라는 새로운 정체성을 만들어 낸 남편은 매일 아침, 이런 행복을 누린단 말이지?

매일 수행해야 하는 일상 목표를 정하고 인증샷을 가볍게 공유하는 선배가 있다. 2년 남짓 동안 매달 미션을 업데이트하고 각자 나름의 목표습관을 정해 왔다. 나는 주로 출근 전에 외국어공부나 운동을 한 사진을 보낸다. 선배는 늦은 밤이나 다음날 아침에 인증샷을 공유한다.

평일에 맞이하는 축복 같은 휴일에 눈을 뜨자마자 선배가 보낸 톡을 확인했더니, 인증샷에 더해 최근에 인상 깊게 봤다며 한 작품을 추천했다. 이 프로그램은 무연고자의 유품을 정리하는 사람들과 고독사를 하게 된 이들에 얽힌 사연을 중심으로 스토리가 전개됐다.

드라마를 보는 내내, 내 마지막 순간에 대해 생각해보게 됐다. 더불어

오늘이 그 마지막 순간이라면 나는 남편과 어떤 하루를 맞이할 것인가에 대해서도 고민하게 되었다. 나의 죽음을 내 주변 이들은 어떻게 받아들일까? 극 중 고인들은 미처 준비되지 않은 죽음 앞에서 자신의 삶을 단단히 마무리 짓지 못했다. 그 빈 공간과 틈을 유품 정리사가 메워준다.

다행히 드라마 속 인물들은 뛰어난 관찰력과 기억력을 지닌 유품 정리사 덕분에 자신들의 추억 속에 비어있는 퍼즐을 잘 찾아서 맞출 수 있었다. 이 드라마 중에서 제일 기억나는 문장은 아빠와 아들의 소박한 대화였다.

이 작품 속에 등장하는 아들은 야스퍼거 증후군이 있어 원만한 사회생활이 어렵다. 자신이 죽은 후에 홀로 살아남아야 하는 아들에 대한 걱정이 큰 아빠는 아들의 자존감을 높여 주기 위해 틈날 때마다 폭풍 칭찬을 아끼지 않는다. 아들이 조그마한 성공 경험을 할 때마다 '참 잘했어요.'라며 세상에서 제일 멋진 이는 바로 아들이라고 인정해준다.

문득, 이 아들이 아빠로부터 느꼈을 사랑을 나 또한 내 남편이 느낄 수 있도록 주고 싶다는 생각이 들었다. 이렇게 사랑으로 충만한 삶을 살게 된다면, 젊은 시절 하늘 찌를 듯이 높았던 남편의 자존감이 되찾아질 것만 같았다. 사실 이 아들은 입양된 아이였다. 그럼에도 반듯하게 자라날 수 있었던 것은 무한사랑으로 그를 감싸준 아빠가 있었기 때문이다.

난 칭찬받는 걸 좋아한다. 칭찬하는 것도 좋아한다. 진심이 다소 부족하더라도 칭찬이 질책보다 효과적이라고 맹신한다. 그래서 주변 사람들에게 아낌없이 칭찬을 하는 편이다. 그런데 생각해보니 그동안 가장 소중한 0순위 남편에게는 칭찬을 건네는 데 인색하기 그지없었다. 남편을 칭찬하는 게 습관이 되지 않아서 칭찬을 하고 나면 왠지 어색하다. 남편이 이런 나를 "이 여자, 오늘 갑자기 왜 이러지?"라며 이상하게 생각하지 않을까 싶어 부끄럽다.

하지만 용기를 내봐야겠다. 남편이 해준 반찬이 마음에 들면 아무 말 없이 폭풍 흡입하는 대신에, '맛있다'라고 소리 내서 감탄해 봐야겠다. 이렇게 매일 매일 연습하다보면 우리가 마지막으로 호흡하는 순간, 우리 부부도 '참 잘했어요!'라는 빨간 도장으로 가득 찬 인생노트를 품에 안을 수 있겠지?

쪽파 한 단만도 못한 남편

남편에게 잘해야겠다는 프로젝트를 본격적으로 시작했지만 늘 익숙했던 내 모습이 수시로 등장했다. 불평하고 남편을 책망하는 내가 전면에 나서곤 했던 거다. 재작년 가을 끝자락 어느 날 냉장고 안쪽에서 정체불명 그릇을 발견했다. 안쪽에 있어서 그동안 제대로 눈여겨보지 못했던 거다. 뚜껑을 열어보니 송송 썰어둔 쪽파다. 상태를 보니 한 달은 족히 넘었을 듯싶다. 이 순간을 지혜롭게 넘겨야했는데 결국 또 그새를 못 참고 화를 냈다.

남편은 죽순나물에 고명으로 살살 뿌리면 좋을 것 같고, 라면 끓일 때 넣어도 좋을 것 같아서 놔뒀다는 거다. 그럼 그동안 2~3일에 한 번씩 라면을 끓일 때는 왜 한 번도 안 쓰고 이 상태가 되도록 방치했단 말인가.

나는 "앞으로는 절대, 절대 사지 마!"라고 연신 화를 냈다. 누가 보면 큰 사건사고라도 났다고 오해했을 법하다. 쪽파 몇 조각이 가지고 아침부터 이렇게 오두방정을 떨다니. 남편은 못내 억울했는지 아들 숙제 준비물로 샀다가 버리기 아까워 썰어둔 거라는 변명을 살짝 보탰다. 부끄러움과 민망함은 나의 몫이었다. 하지만 바로 KO패를 인정하고 싶지 않아서 나 역시 덧붙였다. "알겠으니까, 앞으로는 절대 사지마." 오늘 프로젝트도 실패다. 현명한 아내가 되려면 아직 멀었다.

부부상담 전문가들은 부부관계에 있어서 이런 사소한 갈등은 수시로 일어나니 이런 문제 상황을 아예 없애려고 노력하기보다 현명하게 잘 관리하는 게 낫다고 조언한다. 서로 다른 남녀가 만났으니 맞지 않는 부분이 생기는 것은 피할 수가 없다. 결국 중요한 것은 이런 다툼이 지나치게 커지지 않도록 평소에 갈등을 잘 관리하는 거다.

한 유명한 탤런트도 사소한 문제로 남편과 다툰다는 이야기를 풀어놓은 적이 있다. 치약을 가운데부터 짜서 쓰는 남편과 달리 그녀는 끝에서부터 짜서 쓴다고 한다. 그녀가 열심히 끝에서부터 치약을 밀어놓아도 남편은 다시 중간에서 짜서 그녀의 노력을 물거품으로 만들어버린다. 대한민국에서 가장 아름답다고 알려진 여성과 사는 남성도 자신의 습관 하나를 못 바꾸는구나. 서로 다른 치약 짜는 방법 때문에 스트레스를 받았던 그녀는 남편의 치약을 펌프용으로 바꿔서 이 갈등을 해결했다고 했다.

　남편과 많이 다퉜던 우리의 다른 습관 중 하나는 세탁기에 세탁물을 넣는 방식이었다. 나는 다 쓴 젖은 수건을 세탁기 주변에 펴서 말린 다음에 빨래를 돌려야 한다고 생각한다. 눅눅한 수건을 그대로 세탁기 안에 넣어버리면 다른 빨래들에도 안 좋은 냄새가 배니까. 실제로 냄새가 배는 것인지는 모르겠다. 솔직히 말하면 이 습관은 친정아버지로부터 물려받은 거다. 어쨌거나 이렇게 40년 넘게 살아와서인지 이제 와서 내 습관을 버린다는 게 상상이 안 된다.

　남편에게 내 취향을 존중해 달라고 22년째 신신당부를 하지만, 남편 역시 자신의 오래된 습관을 버리는 게 어렵기는 매한가지다. 남편은 자신이 이미 다 쓴 젖은 수건을 그대로 욕실에 걸어놓고 나오곤 한다. 남편이 이미 쓴 것인 걸 모르고, 손이나 얼굴을 닦으려고 수건걸이에 걸린 수건에 손을 뻗쳤다가 축축한 수건을 만지게 되면 화들짝 놀라게 된다. 놀라움이 분노로 바뀌는 건 순식간이다.

　갈등은 불가피하니 싸움을 안 하려고 하기보다, 싸우고 난 뒤 뭐가 문제였는지 복기하는 시간을 가질 것을 권하는 전문가의 글을 읽은 적이 있다. 이 조언을 접한 후, 남편과 사소한 일로 다투고 난 뒤에 내가 프로 바둑기사가 되었다고 생각하기로 했다. 바둑을 둔 뒤에 차분히 복기하면서 자신이 잘못 둔 수에 대해 성찰하는 시간을 갖는 기사처럼, 나 역시 조금 전에 벌어진 다툼 과정 중 나의 언행에 대해 곰곰 되새겨본다.

앞서 언급한 쪽파 사건은 내가 조용히 쪽파를 버렸으면 그냥 해결될 문제였다. 별 것도 아닌 일을 이렇게 키워서 남편을 2천원 어치 쪽파만도 못하게 뭉개버린 데에는 사실 '쪽파'를 단순히 쪽파로 보지 않았던 내 마음이 도사리고 있었다.

모든 것을 엄청 아끼시는 친정아버지의 엄격한 훈육 탓에 나는 아직도 빈 방에 형광등이 켜져 있거나, 사람이 없는데 팬이 돌아가는 선풍기를 보면 끄고 싶은 욕망이 이글거린다. 식탁 위 음식물을 닦기 위해 화장지가 필요할 때도 아버지는 늘 딱 한 칸만 달라고 하실 때가 많았다. 한 칸으로 부족해보여 두 칸 뜯어드리면 난리가 났다. 왜 이렇게 쓸 데 없이 낭비를 하냐는 거다.

20년 동안 이런 가정교육을 받은 탓에 아직도 휴지를 아끼지 않고 쓰는 걸 보면 마음이 불편하다. 아이들 중에 특히 아들이 휴지를 왕창 쓰는 스타일인데 아들이라 잔소리 없이 18년을 버텨낼 수 있었던 게 아닌가 싶다. 행여 사후에 내 몸에서 사리가 나오는 기적이 일어난다면 아마도 마음껏 휴지 쓰는 아들을 보면서 쌓인 스트레스를 조용히 넘긴 수행의 결과가 아닐까 싶다.

남편에게 불필요하게 과잉 분노를 표출했던 이유는 남편이 단순히 쪽파 한 단을 제대로 다 쓰지 못했다는 게 아니었다. 진짜 이유는 남편이 살림을 아끼지 않는다는 거였다. 다 쓰지 못하고 버리는 쪽파는 흥청망청 살림을 하는 남편의 '개념 없는 가사행태'의 일부분에 불과하다고 짐짓 확대해석을 했던 거다. 원가정 차이에서 비롯된 편견과 인식의 차이를 '당신이 틀렸다'라는 문장과 동일시하니 늘 별 것도 아닌 걸로 싸우는 악순환이 되풀이됐다.

나와 다른 성격의 차이, 취향의 차이일 뿐인데, 내 방식만 옳다고 주장하는 것은 위험하다. 여기까지 쓰고 출근준비를 하려고 욕실에 가니 젖은 수건이 또 걸려있다. 이번에는 욕실 슬리퍼까지 젖어있다. 젖은 수건 못지않게 싫어하는 게 젖은 슬리퍼인데. 길게 심호흡 한 번 하고 젖은 타월을 세탁기에 '펴서' 걸쳐 뒀다. 잔소리 퍼붓기를 생략하고 젖어 있는 슬리퍼의 물기를 닦고 그냥 신었다.

조용히 잘 해결했는데, 역시나 젖은 수건과 슬리퍼를 보면 기분이 나빠진다. 이렇게 우리 집 XY 염색체 보유자들 덕분에 '참을 인(忍)'자 계속 가슴에 새기면서 살다 보면, 나중에 살아있는 부처라는 생불의 경지에 이르게 될 지도 모르겠다.

인생은 동영상

재작년 여름 언저리의 어느 순간. 남편은 친정집 마당에서 친정아버지와 함께 집으로 가져갈 실한 양파를 고르는 중이다. 이미 집에 양파가 한 박스나 있는데도 더 필요하냐고 묻자 두고두고 먹으면 된다며 빙그레 웃는다.

전업주부로 탈바꿈한 지 수년이 지나니, 남편은 이제 살림꾼 모습이 완연하다. 하지만 친정아버지 수준을 따라가려면 아직 멀었다. 계급정년제도로 쉰일곱에 퇴직을 하신 친정아버지는 올해로 전업주부 벌써 17년차시다.

남동생은 아들 셋을 전담해 키워보고 싶다며 1년간 육아휴직을 했다.

아침식사 당번을 비롯해 아이들 챙기는 것들을 도맡아 한다고 했다. 초등학교 교사로 일하는 올케는 '육아휴직'이 아닌 '육아 휴식'이라고 말하지만 올케 얼굴에 만연한 함박웃음이 말해주듯 살림 도우며 집에 있는 남편이 싫지 않은 눈치다.

전업주부로 변신한 3인방 남성이 도란도란 살림 노하우에 대한 이야기를 나누는 걸 보고 있자니, 웃음이 새어 나온다.

얼마 전에 알츠하이머에 걸린 중년 남성이 주인공인 일본 영화를 봤다. 그는 한참 젊고 건강할 때 가정을 도외시하고 회사에 헌신한다. 하지만 그가 건강을 잃자 회사는 냉정하게 그를 내친다. 뒤늦게 가족의 소중함을 깨닫고 추억을 켜켜이 쌓아두고 싶어 하지만, 야속하게도 세월은 그를 기다려주지 않는다.

결코 잊고 싶지 않았던 사랑하는 아내마저 잊어버리는 남자의 모습을 보여주면서 이 영화는 끝을 맺는다. 할아버지가 치매를 오래 앓으셨기 때문에 이런 영화를 보면 남 일 같지가 않다. 기억이 온전하고 건강할 때 가족을 더 챙겨야겠다는 교훈을 가슴에 새기게 된다.

행복의 비결은 멀리 있지 않다. 나를 지지해주는 우호적인 그룹과 얼마나 친밀하고 지속적인 관계를 형성해 유지하고 있는지가 삶의 질을 결정한다. ENFJ라는 MBTI를 지닌 탓에 나를 외향적이라고 보는 이들이 있다. 하지만 내 성격 중 'E'는 외향 51%, 내향 49%가 섞인 결과다. 다수결이 언제나 옳을 수는 없고, 다수결의 결과가 얼마나 편견을 초래할 수 있는지를 극명하게 보여주는 대표적인 예라고 생각한다. 그도 그럴 것이 나는 원래 외향적이기보다는 지극히 내향적이기 때문이다. 나의 외향성은 수십 년 사회생활의 결과 스스로 터득한 생존전략의 일환일 뿐이다. 후천적으로 노력해서 얻은 성격이기 때문에 '활발해 보임'을 연출한 뒤에는 기진맥진해버린다.

나는 주기적으로 만나는 4명 이상 되는 그룹 모임이 전혀 없다. 원래도 한두 명만 만나는 걸 선호하는 성향인지라 강한 거리두기 코로나 위기 속에서도 내 관계망은 건재할 수 있었다. 게다가 내 삶 자체에 애정이 깊어 자주 만나는 친구 모임도 매우 제한적이다. 침묵을 못견뎌하는지라 사람들을 만나면 대화를 주도하려고 노력하지만, 아무리 친한 친구도 1시간 이상 만나면 에너지가 소진된다. 이런 내게 가장 소중하고 친밀한 멤버는 역시 가족이다.

남편과 처음 만났을 때, 나름 자신의 황금 인맥을 자랑하면서 이떤 기수를 언급한 적이 있다. 그 가수와 남편이 개인적으로 아는 사이는 절대 아니었다. 단지 남편이 졸업한 고등학교의 후배에 불과했다. 하지만 나는 남편이 말한 그 가수를 좋아했기 때문에, 아무 관계가 없다는 것을 알면서도 남편이 살짝 더 멋져 보였다.

데뷔한 지 27년이 지났음에도 세월을 거꾸로 사는 것 같이 내 눈에는 늘 멋진 이 가수는, 우리 삶은 순간의 사진 한 장이 아니라 끊이지 않는 동영상이라는 취지의 명언을 남긴 바가 있다. 이 분은 아직 미혼이기에 결혼생활을 염두에 두고 한 말은 아니다. 바디프로필 사진 한 장 찍기에만 몰두하고 이후 건강관리에 소홀하고 폭식을 일삼아 건강을 해치는 것에 대해 경계하라는 취지로 한 말이다. 그럼에도 그의 말은 일리가 있어 결혼생활에도 충분히 통한다.

우리 인생은 잠깐 정지해 있는 스틸 사진이 아니라 끊임없이 흘러가는 동영상이다. 물론 동영상도 수십, 수백 장의 사진이 이어 붙여진 것이라고 말꼬리를 잡는 사람이 있다면 할 말은 없다. 우리 삶에는 슬픈 사진, 기억하고 싶지 않은 사진이 여러 장 쌓여 있을 수 있다. 하지만 이런 어두운 사진을 덮어버릴 만큼 더 많은 수의 밝은 사진이 존재했고, 또 앞으로 존재할 거라는 희망을 갖고 있기에 부부로서 발자국을 계속 내디딜 수 있는 거라 생각한다.

삶은 정지되어 있는 화면이 아니다. 끊임없이 화면이 바뀌고 예상하지 못한 미래가 펼쳐진다. 똑같이 경험한 과거도 어떤 감정으로 되새기느냐에 따라 핑크빛 아련한 추억이 되기도 하고 결코 기억하고 싶지 않은 잿빛 어두운 회상이 되기도 한다.

돌이켜보니 우리 부부의 여정도 마찬가지였다. 그간 우리의 삶을 되새겨보니 쉴 새 없이 변하는 장면 가운데 다양한 희로애락의 모습이 펼쳐졌다. 첫 아이 탄생의 기쁨, 돌잔치를 치르며 왁자지껄 웃으며 느꼈던 행복, 직장에서 거둔 성공의 결실을 나누면서 함께 한 즐거운 추억. 물론 아픈 가족사도 있다. 서로의 가슴에 생채기를 내고 가족의 상실을 겪으며 울고 슬퍼했다.

수십 년 동안 겪은 다양한 추억과 감정을 가장 크게 나눌 있는 존재는 누구보다도 배우자다. 자녀와도 유사한 수준의 경험과 감정의 결을 나눌 수 있지만, 자녀는 그들만의 삶이 있다. 자녀에게 부모가 짊어진 생의 무게를 똑같이 나누자고 강요할 수는 없는 법이다.

그동안 나는 불행장기자랑에 단골 출연자였다. 하지만, 불행 대신 담대하게 행복을 선택하겠노라고 결정한 후 남편을 바라보니 남편은 남편만의 애로사항이 있었다. 남편은 존중받으며 매일 넥타이매고 출근하다 한순간 실업자가 되었다. 한 번은 출근하는 나를 보며 부럽다는 말을 한 적이 있다. 평소에는 듣지 못했던 말이라 가슴이 서늘해졌다.

내가 출근할 때 곤히 잠들어 있는 남편을 보면서 부럽나고 생긱힐 때가 가끔 있다. 하지만 남편과 위치를 바꿔서 생활할 거냐고 물어본다면 거세게 머리를 흔들 것 같다. 성장욕구가 강한 나는 집에서 살림만 하면서 내 삶에 만족할 자신이 없다. 아마 여러 동호회에 가입하고 프리랜서로 활약하면서 자긍심을 높일 만한 일을 찾아 나설 것 같다.

그리고 보면 남편이 안고 있는 불행과 어려움, 내가 갖고 있는 고충과 힘듦은 그 결이 사뭇 달랐다. 서로 다른 층위와 모습의 고통을 안고 있기 때문에 서로 내가 더 힘들다며 이야기하는 게 무의미했다. 개인이 짊어진 다양한 고난은 각자가 감당할 수 있는 수준과 자신만이 겪어온 경험에 빗대어 그 무게를 측정할 수 있기에 제3자가 감히 자신의 고통에 빗대어 상대적으로 평가 절하할 수는 없다.

하지만 분명한 것은 수년 전까지 독박육아에 지쳐 내가 겪었던 우울, 의기소침, 자존감 저하와 비슷한 감정을, 지금 남편이 겪고 있다는 것이었다. 내가 이미 먼저 경험했기에 얼마나 잿빛인지 알고 있는 인생 선배로서 남편에 대해 애잔한 마음이 들었다.

남편이 가진 특성 중 틱 장애가 있다. 습관적으로 쿵쿵거리는 소리를 낸다. 남편이 싫을 때는 이 소리를 들으면 경기를 일으킬 만큼 몸서리를 쳤다. 하지만 이건 남편이 고칠 수 있는 게 아니다. 나 역시 잘 때 코고는 습관이 있다. 남편도 코를 골아서인지 내 잠버릇에 대해서 불평을 한 적은 단 한 번도 없다. 내가 코를 곤다는 건 아이들이 불평을 하면서 알게 됐다.

얼마 전, 대학교 때 룸메이트를 만나게 됐다. 내가 코를 고는데 왜 한 번도 싫은 내색을 하지 않았냐고 물어보니 "네가 고칠 수 없는 거니까, 네 잘못도 아니고, 내가 참을 수밖에 없다고 생각했어."라고 말했다. 배려 넘치는 친구의 마음에 감동이 밀려왔다. 친구가 나의 코고는 소리를 너그럽게 넘겨줬듯이, 이제는 내가 남편의 틱 장애를 감쌀 차례다.

산책 변천사

남편과 좀 더 가까워지고 싶은데 뾰족한 방법을 찾기가 어려웠다. 우리는 바이오리듬도 다르고 오랜 시간 각자 생활을 해왔기 때문에 같은 공간에서 같은 시간대에 뭔가를 함께 하는 게 물리적으로도, 생리적으로도 쉽지 않았다. 서로의 충돌지점을 줄이면서 지금보다는 시공간 공유 지대를 넓힐 수 있는 묘안을 고민하다 산책을 떠올리게 됐다. 하지만 무슨일이든지 갑자기 단행하려고 하면 부작용이 초래되기 십상이다. 나는 무리한 전면전 전에 예행연습에 들어가기로 했는데, 마침 남편과 함께 집주변을 한 시간 정도 걷게 될 일이 생겼다. 당시 일화를 기록해 둔 게 있어 옮겨본다.

2021년 5월 23일

초인 흉내 내기를 하며 보낸 하루였는데, 운동이 아쉽다. 세 아이들에게 함께 걷기 운동을 하러 가자고 제안해봤지만 다들 반응이 뜨뜻미지근하다. 웬일로 남편이 옷을 챙겨 입으며 나를 따라나선다. 남편과 운동을 함께 하는 건 매우 드물다. 바이오리듬이 워낙 달라 생활 패턴이 상반되기 때문이다. 경쟁의식을 잘 느끼는 나는 내가 경보 수준으로 걷는다며 먼저 선방을 날렸다.

이에 질세라 남편도 자신도 꽤 빨리 걷는 편이라며 큰소리를 친다. 남편의 보폭에 지고 싶기 않아, 평소보다 더 속도를 냈다. 묘한 긴장감속에서 걷다 보니 나의 인생 미드 〈모던 패밀리〉 속 한 에피소드가 생각난다.

매일 조깅을 꾸준히 하는 클레어에게 도전장을 던진 남편 필. 클레어에게 계속 당하지만, 남편의 기를 살려주기 위해 마지막 순간에 필이 이길 수 있도록 센스를 발휘한 클레어의 모습이 떠올랐다. 결국 나도 클레어처럼 되었다. 클레어와 나의 차이는 나의 통 큰 양보가 아닌 체력 차이로 인한 패배라는 거. 양말을 신지 않은 탓에 무리해서 걷다 보니 운동화에 발등이 쓸려서 욕심만큼 계속 속도를 내기 어려웠던 거다.

더 놀라운 건 우리는 1시간 가까이 걷는 동안 단 한마디도 나누지 않았다. 남편과 대화를 즐기지 않고, 남편 역시 나에게 거의 말을 걸지 않는다. 남편은 내가 좋아하는 외국어, 책, 영화에 대해서 관심이 없다.

심지어 남편은 내가 쓴 책과 내 글도 절대 읽지 않는다. 내게 말을 걸 때는 업무와 관련해 자신의 아이디어를 나누고 싶을 때다. 하지만 내게 주어진 일 처리하기도 바쁘기에 남편이 내게 던지는 아이디어는 그저 민원에 불과할 뿐이다. 게다가 내 고유 업무도 아니고 다른 기관, 다른 부서에서 담당하는 걸 내게 말하면 어쩌란 말인가.

작년에 처음 시도한 아이들 없는 우리 둘만의 시간은 어색한 공기를 느끼는 것으로 충분했다. 얼마나 싫었는지, 그 뒤로 반년 가까이 남편과 단둘이 산책하는 걸 피했다. 하지만 재작년 12월에 무려 세 번이나 남편과 산책을 하게 됐다. 게다가 놀랍게도 모두 내가 먼저 제안했다.

21년 12월 10일. 남편에게 산책을 권했다. 보통은 나 혼자 가곤 했지만, 사고가 난 지 얼마 되지 않아 조심해야 할 때라 남편 팔에 의지해서 걷고 싶었다. 당시 남편은 중국 무협에 한참 탐닉할 때였고, 나도 막내 추천으로 무협장르의 애니메이션과 웹툰 정주행을 끝낸 직후였다. 자연히 대화는 무협과 관련된 이야기로 흘렀다.

남편은 삼국지 중 조조의 삶을 다룬 드라마가 넷플릭스에 있다면서 유교 세계관을 그대로 바라볼 수 있다며 신나서 이야기를 했다. 중국 정치와 일본 정치를 비교할 수 있다고도 이야기했다.

대화를 나누다 보니 백신으로 이야기 주제가 옮겨졌다. 나와 남편은 백신 의무 접종에 대한 가치관이 달랐다. 나는 다른 이들에게 피해를 최소화하고 국민 안전이라는 국가차원의 거시 목표를 달성하기 위해서는 어느 정도 개인의 희생이 불가피하다는 입장이었다. 남편은 코로나19도 감기처럼 호흡기 질환의 일종인데 너무 과도하게 개인의 권리가 침해당하고 있다는 입장이었다.

서로 입장만 팽팽하게 주장하다 내가 먼저 입을 다물었다. 남편은 자신이 최근에 본 한 애니메이션을 언급하며 건강과 의학에 대한 상식을 키우는 차원에서 한 번 보라고 권했다. 하지만 나는 이미 이 애니메이션을 아이들과 함께 다 봤더랬다. 문제는 내 기억력이 좋은 편이 아닌지라 제대로 기억하지 못해서 대화를 이어갈 수 없다는 거지.

21년 12월 12일. 이틀 만에 남편에게 다시 산책을 제안했다. 전날 읽었던 책 안에 MBC에서 조사한 흥미로운 설문결과가 있었다. 10대부터 70대까지 남성과 여성에게 '인생에서 후회하는 것'에 대해 질문했는데, 40대부터 70대까지 남편과 아내의 대답이 매우 상반됐다.

40대부터 70대 남성은 '술, 돈, 아내'와 관련해 큰 후회를 했다. 40대 남성의 후회 2위는 '술 어지간히 먹을 걸', 5위는 '아내한테 못할 짓 한 것'을 후회했다. 50대 남성은 '겁 없이 돈 날린 걸' 두 번째로 후회하고 '아내에게 못할 짓 한 것'을 다섯 번째로 반성했다. 60대 남성이 후회하는 1위는 '돈 좀 모을 것', 2위는 '술 줄이고 건강 챙길 걸', 3위는 '아내에게 못할 짓 한 것'이다.

70대 남성이 후회하는 1위는 '아내 눈에 눈물 나게 한 것', 2위는 '노후 자금 모아둘 것'이었고 '술 줄이고 건강 챙길 걸'은 5위에 랭크되어 있었다. 어쩜 대한민국 남성들의 후회 목록이 내가 남편에 대해서 불만스러워하는 것과 이리 일치하는 지. 이 결과를 남편에게 말해주는 것만으로도 늙어서 후회하지 말고 지금 나에게 잘하라는 노골적인 메시지를 남편이 충분히 읽었을 거라 내심 기대했다.

여성의 대답은 남성과 꽤 대조적이었다. 아내에게 잘 못한 것을 후회하는 남편들과 달리, 여성들은 결혼한 것 자체를 후회하고 있었다. 40대 여성은 '결혼 잘못한 것'을 네 번째로 후회했는데 50대가 되면 잘못된 결혼에 대해 더 막심하게 후회하게 된다. 50대 여성은 이걸 두 번째로 후회한다고 응답했다. 60대 여성 역시 비슷한 응답 경향을 보였다. '이 집안에 시집온 것'을 네 번째로 후회하고 있었다. 70대 여성은 '평생 고생만 한 것'을 다섯 번째로 후회했다.

물론 여성의 대답에 남편에 대해 자신이 잘못한 것에 대한 회한이 전혀 없는 건 아니었다. 70대가 두 번째로 많이 후회하는 것은 '죽은 남편한테 더 잘해줄 걸'이었다. 남편이 살아있을 때가 아니라 세상을 떠난 뒤에서야 뒤늦게 후회한다는 거다. 살짝 섬뜩해진다. 일흔 넘어 후회하지 않으려면 남편이 내 곁에 있을 때 좀 더 따뜻하게 해줘야겠다는 위기의식이 든다.

두 번째 산책에는 큰딸이 함께 해서인지 남편과 단둘이 산책했을 때보다는 대화가 잘 이어졌다. 산책 마무리쯤에 별과 인공위성에 대한 이야기를 나누게 됐다. 하늘에 촘촘하게 박혀 반짝이는 게 모두 별이라는 게 남편의 주장이었고, 나는 인공위성이라고 주장했다. 몇 달 전에 인공위성과 관련한 국가별 현황에 대해 영어스터디를 진행한 적이 있어서 이번 만큼은 내가 맞을 거라고 확신했다. 도심에서는 공해 등으로 인해 별보기가 어렵다는 점도 기억이 났다.

나름 근거를 들이대는 나의 주장에도 불구하고 남편은 완강했다. 좀처럼 자신의 주장을 굽히려 들지 않았다. 이쯤 되면 누구 의견이 맞는지는 이제 중요하지 않다. 단정적인 남편의 주장에 이미 자존심이 구겨진 나는 남편 이야기를 들으려하지 않았다. 산책을 마치고 집으로 돌아올 무렵, 나는 또 제대로 마음이 상해 있었다.

21년 12월 13일. 기숙사로 떠난 큰 딸 대신 아들과 막내딸과 함께 산책을 나섰다. 일주일 만에 무려 세 번의 산책을 남편과 함께 하다니 내게는 거의 기적과 같은 일이다. 집 주변 공원을 1시간 정도 돌았다. 아이들이 함께 있어서인지 오늘도 대화의 시작은 순조롭다. 잘 대화를 나누다 오늘은 대학평준화 관련 이슈에서 또 불꽃이 튀겼다.

나는 남편이 평준화라고 생각하는 프랑스 교육도 평준화가 아니라고 강조했다. 3년 전에 업무 관련 프랑스 순방을 준비하면서 프랑스 교육과 관련한 책을 여러 권 읽었기 때문에 프랑스 교육제도에 대해서는 내가 남편보다 전문성이 더 있다고 자신했기 때문이다. 자녀를 그랑제꼴에 입학시키기 위해 프랑스 중상층도 사교육에 열을 올린다. 프레파 과정에 아이를 보내면 그랑제꼴에 합격할 수 있는 가능성이 높아지기에 경쟁이 치열하다.

하지만 남편은 어느 국가를 막론하고 의대, 법대가 가장 경쟁이 치열한데, 그랑제꼴은 더 이상 의대와 법대는 운영하지 않으니 경쟁이 세지 않다고 주장했다.

그런가? 오늘도 난 의문의 1패를 당했다. 내 전문분야라고 생각하며 나름 자신이 있었던 교육 분야에서까지 남편에게 제대로 반격하지 못하니 분한 마음이 들었다. 남편과 라이벌 의식이 아직도 팽배하구나. 아직 좀 더 연습해야겠다.

내가 이렇게 무리해서 남편과 함께 하는 시간을 만들려고 노력했던 것은 부부간에 공유하는 시간의 절대량이 향후 관계를 유지하는 데 있어서 중요하다는 연구결과를 접했기 때문이다. 미국 미시간대 마사 힐(Martha Hill) 교수에 따르면 부부가 공유하는 시간의 정도가 미래에 결혼을 안정적으로 유지하는지 여부를 예측할 수 있는 결정적인 요인이다.

부부가 함께 하는 시간이 일주일에 1.7시간에서 4.9시간으로 늘어나면 5년 이내에 이혼할 가능성이 절반으로 줄어든다는 실증결과도 제시했다. 부부가 함께 하는 시간과 공간이 늘어날수록 서로에 대해 더 잘 알게 되고, 더 자세히 알게 되니 상호 공감대가 높아진다. 서로에 대한 이해도가 높아지니 부부관계를 더욱 안정적으로 유지할 수 있게 되는 것이다.

남편과 시사를 주제로 이야기를 풀어나가다 보면 불필요한 감정싸움에 이르는 경우가 많았다. 지기 싫어하는 나의 본능과 현학적인 태도로 단정하듯 말하는 남편의 화법이 강하게 충돌하기 때문이다. 이를 지혜롭게 피하는 방법 중의 하나는 말랑말랑한 주제로 '짧게 핵심만' 이야기하는 거였다.

우리 가족은 몇 개의 스트리밍 서비스를 구독 중이다. 남편은 인기 있는 프로그램을 일찌감치 감상하기 때문에, 내가 볼지 말지 고민되는 것들에 대해 물어보면 먼저 자신의 평을 간략하게 들려준다. 나 역시 영화 보는 걸 좋아하고 내가 아직 보지 못한 것에 대한 남편의 평에 대해 이런 저런 불평을 할 이유는 전혀 없었기에 이런 식으로 대화의 물꼬를 트는 게 우리 부부에게는 괜찮은 방법이었다.

재작년 마지막 날을 남편과 산책으로 마무리 지은 후 단상을 글로 남겼더랬다. 다시 읽어봐도 이만하면 제법 괜찮은 아내가 되어가고 있다는 생각이 든다. 오랜만에, 오늘 퇴근 후에 남편에게 산책을 제안해볼까?

낄까? 말까?

망설이는 1분여 사이 차 앞에 벌써 도착했다. 엘리베이터에서 내려 주차장에서 차가 있는 곳까지 팔짱을 끼고 싶다는 마음과 끼고 싶지 않다는 마음이 싸워댔다.

눈이 오거나 기온이 영하로 내려가면 가장 먼저 걱정하는 건 출퇴근 방식이다. 회사가 가까워 평소에는 도보로 다니지만, 길이 미끄러울 때는 자신이 없다. 넘어지는 게 연례행사이기 때문이다. 작년 초에도 회사 바로 앞에서 뒤로 꽈당 넘어져 경비 보시던 분이 당황해하셨다.

이럴 때 구원투수로 등장하는 건 늘 남편이다. 살얼음이 낀 날에는 등산화에 버금가는 운동화를 신고 제아무리 다리에 힘 바짝 주더라도 넘어질까 봐 겁이 나서 엉금엉금 걷게 된다. 운동 겸 걸어가겠노라고 큰소리

치고 나섰다가 몇 발자국 걸어보니 도저히 자신이 없어 남편에게 라이드를 부탁했다.

선뜻 응해준 남편이 고맙기도 하고, 화목한 원앙커플로 유명한 연예인 부부처럼 이번 생에 사이좋은 부부로 살아보고 싶다는 꿈이 몽글몽글 피어오르던 차였기에 팔짱을 끼고 싶다는 마음이 가득했던 거다. 하지만 한편으론, 남편에게만은 평소에 무뚝뚝한 모드를 고집하던 내 행태를 갑자기 바꾸는 것에 대한 거부감이 가득했다. 〈냉정이 자아〉가 〈싹싹이 자아〉를 손쉽게 이겨버리고 팔짱을 끼지 못한 채 2021년 마지막 날 아침 출근길을 연출했다.

눈이 펑펑 내리던 저녁, 아들과 큰 딸이 양팔로 다 품을 수도 없을 만큼 큰 눈사람을 만들었다. 자세히 보니 눈, 코, 입과 팔이 없다. 문득 남편에게 비친 내 모습이 이 눈사람과 비슷할지도 모르겠다는 생각이 들었다.

눈웃음 보내고, 부드러운 말을 건넨 기억이 흐릿하다. 내가 먼저 다가가 남편을 다독여주고 껴안아줬던 적도 그리 많지 않다. 아이들은 어떻게 생각할지 모르겠지만, 나 스스로는 나름 유쾌하고 즐거운 엄마라고 자평한다. 회사를 비롯해 밖에서 알게 된 이들에게도 가능한 상냥하고 따뜻하게 다가가려고 노력한다. 하지만 유독 남편에게만은 찬 기운 세제곱 풍기는 눈사람 같은 아내였다.

〈살가운 아내〉가 되기 위한 노력을 하지 않았던 건 아니다. 머리를 다치고 집에서 쉴 때는 먼저 다가가 남편의 엉덩이를 톡톡 두드리며 〈궁디팡팡〉도 해줬더랬다. 남편이 잘 보살펴주는 데 대한 답례이기도 했지만, 출근하지 않아도 되니 심리적, 신체적 스트레스가 거의 없어 남편에게 불필요하게 날 세울 필요가 없기에 가능한 행동이었다.

하지만 출근해서 평소와 다름없이 바쁜 일상을 반복하다보니 〈냉랭한 아내〉로 되돌아가는 건 시간문제였다. 새벽까지 보고서를 작성하며 집에서도 일을 놓지 못하게 되니 피로가 쌓였다. 아침에 출근하는 것만으로도 버거운데, 전날 과음하고 아이들 아침 식사도 안 챙기고 신나게 단잠에 빠져 있는 남편을 보면 화가 났다.

남편에 대해 원망하는 마음을 바꿔보려고 핸드폰 남편 번호에 〈드림 헬퍼〉라는 수식어까지 넣어서 저장해뒀지만 다 부질없었다. 하지만, 2021년을 이렇게 아무런 진전 없이 끝내버리고 싶지는 않았다. 마지막 날 밤 팔짱 낄 용기를 내는 대신, 팔짱을 낄 수밖에 없는 상황을 만들었다.

무인대출 책을 빌리러 가는 딸을 동행하며 온 가족이 저녁 산책길에 나섰다. 길이 미끄러우니 남편에게 기댈 수밖에 없다. 평소에는 딸과 팔짱 끼고 걷곤 했는데, 〈연애모드 뿜뿜한 부부〉 연출하기 미션을 클리어해야 하니 딸은 홀로 걷게 하고 남편에게 다가갔다.

남편이 팔짱 끼라며 팔에 공간을 만들어주고, 내가 흔쾌히 팔짱 끼는 낯선 모습에 큰 딸이 흠칫 놀란다. 엄마와 아빠도 이렇게 팔짱 끼며 다정하게 걸어가던 시절이 있었다며 기분 좋게 웃었다. 팔짱 끼기가 디폴트 조건이 되는 상황에 놓이니 불필요한 감정 소모할 필요가 없다. 나와 남편의 자존감을 모두 지키는 윈윈 전략, 제법 괜찮았다.

마침 딸이 빌린 건, 죽어버린 연애세포마저 재생시킬 것 같은 유형의 책이다. 이렇게 한 해를 〈화기애애한 부부〉로 마무리하고 나니, 다음 해는 적당한 긴장감을 자아내며 남편과 연애하는 기분으로 〈화기 애매한 부부〉로 지내는 건 그렇게 어렵지 않았다.

행복 목록에 등장한 신스틸러

행복에 대한 관심이 큰 나는 행복을 느끼는 순간에 대해 종종 기록한다. 2010년 이후로 계속된 습관이다. 언제 행복해하는 지에 대해 글로 적다보면, 충만해진 기쁨에 더 행복감을 느끼게 되었다. 재작년에 드디어 남편이 이 목록에 등장했다. 다름 아니라 가벼운 스킨십으로 나를 격려해줄 때다.

1. 아이들과 함께 영화를 보거나 보드게임을 할 때
2. 좋아하는 책이나 웹툰을 고즈넉한 분위기에서 홀로 읽을 때
3. 큰 딸과 일상을 나누거나 함께 공부할 때

4. 아들이 최근에 즐기는 음악과 책 이야기를 들려줄 때

5. 막내가 뭉친 어깨를 파워 안마로 시원하게 풀어줄 때

6. 맘 맞는 동료들과 식사하며 이야기꽃 피울 때

7. 회사에서 상사나 동료들의 인정을 받을 때

8. 낯선 분야를 부지런히 탐구해 업무 장악력이 제고되는 게 느껴질 때

9. 글을 매개로 온라인 친구들과 소통할 때

10. 남편이 출근 응원 뽀뽀해주고 퇴근 후 고생했다며 엉덩이 툭툭 해줄 때

TED를 즐겨 듣는다. 좋아하는 영상은 몇 번이고 다시 듣고 원어민 속도 그대로 따라서 말하는 쉐도잉을 하기도 한다. 좋아하는 영상 중 바람직한 삶에 대한 강연이 있다. 강연자는 무려 75년이나 계속되어 온 하버드 종단연구의 4번째 연구책임자이다.

오랜 기간 지속된 연구결과를 바탕으로 그가 TED에서 건네는 주장은 명료하다. 좋은 관계는 우리를 행복하고 건강하게 해준다는 거다. 결국에는 관계가 행복의 원천이라는 거다. 관계 중 가장 중요하고 소중한 건 다름 아닌 가족관계다. 행복 목록에 남편이 드디어 등장했다는 것은, 그가 내 삶에서 중요한 존재반경 안에 포함되었다는 거다.

남편을 긍정적으로 인식하기 위해 내게 도움이 됐던 방법 중 하나는 남

편이 내 미래에 경제적으로 꼭 필요한 사람이라는 실용적인 이유를 찾는 것이었다. 남편이니까 소중해라는 당위적인 선언보다 2031년부터 남편 연금이 나오면 가계 경제에 보탬이 될 수 있다는 현실적인 이유가 컸다. 그때쯤이면 나도 퇴직을 눈앞에 둘 시점이기 때문에 경제활동을 어떻게 꾸려가야 하는지와 관련한 주제는 우리 부부에게 굉장히 중요하다.

부부 전문가들은 이렇게 현실적인 측면에서 배우자가 '꼭 필요한 존재'라고 생각하는 게 화목한 부부 사이를 유지하는 데 여러 모로 도움이 된다고 말한다.

나보다 나이가 많기에 남편은 중년 후반대를 나보다 먼저 경험했다. 처음 만날 때도 머리숱이 적었지만, 어느 순간부터 눈에 띄게 머리숱이 줄어들기 시작했다. 노안도 남편이 먼저 경험했다. 처음에는 안경을 벗고 작은 글씨를 읽는 모습이 내내 못마땅했다. 할아버지랑 사는 것 같다는 생각이 들었기 때문이다. 이런 생각이 변하기 시작한 건 내가 노안이 시작되면서다. 그제야 남편이 얼마나 답답했을까 하는 생각이 들었다.

나는 건망증이 심하다. 기억력이 그다지 좋지 못한 나와 달리 남편은 비상한 기억력의 소유자였다. 그랬던 남편이 이제 깜박깜박한다. 물건을 어디에 뒀는지, 아이들 이름을 틀리게 부를 때가 생겼다. 한 편으로는 '드디어 당신도 내 심정을 이해할 수 있겠군'이라며 회심의 미소를 지었지만, 마음 한편이 스산해지는 걸 보니 남편에 대한 마음이 꽤나 누그러진 듯싶다.

나는 귀도 어둡다. 그동안 영어 듣기에 약하다고 생각해왔는데, 나는 한국어도 잘못 알아듣고 엉뚱한 답을 할 때가 무척 많다. 이제 남편도 슬슬 귀가 잘 안 들리는 것 같다. 나이가 들면 고막이 두꺼워져서 더 잘 안 들리게 된다. 자연스런 생리적인 노화현상인 거다.

남편은 음량을 최고로 해서 노래를 듣거나 중국 무협드라마를 즐긴다. 하지만 나랑 아이들이 보드게임을 하면서 왁자지껄 떠들거나 하면 시끄럽다고 짜증을 내곤 했다. 회사에서 남편 연배 동료들에게 문의해보니 남편과 비슷한 고충을 토로했다. 고주파수에 민감해진다는 거다.

나 역시 예전보다 볼륨을 높여야 잘 들린다. 그제야 남편이 이해됐다. 함께 늙어간다는 게 이런 거구나. 오늘도 남편을 보는 내 가슴엔 왠지 모를 동지애가 샘솟는다.

나피나

"정신 차려! 빨리 응급실부터 가자."

알람이 울리기 직전에 눈을 떴다. 막내 학교에선 또 밀접접촉자가 나왔다고 온라인 등교로 대신한다는 문자가 와있었다. 가족 톡방에 문자를 공유하니 바로 막내의 답이 뜬다. 막내가 일찍 일어났네!

반가운 마음에 내 방문을 열고 거실로 나가려는 순간. 잠깐 정신을 잃었다. 정신을 차려보니 무슨 일인지는 모르겠고 나는 연신 끙끙대면서 바닥에서 헤매고 있었다. 화장실에 있던 막내는 나오면서 "엄마, 괜찮아요?"를 반복했고, 거실에서 자던 남편은 깜짝 놀라 내 곁으로 다가와 소리를 지르기 시작했다.

정신이 돌아와 처음 본 건 뒷덜미를 타고 흐르는 피였다. 뒷머리에서 연신 피가 쏟아지고 있었고, 잠옷도 피로 젖어가고 있었다. 내가 앉아있는 자리도 피범벅이 되어 엉망진창이었다.

상처부위를 살펴보던 남편이 당황하며 빨리 응급실로 가자고 재촉했다. 잠옷 바람에 나갈 수는 없어 옷을 갈아입으려고 내 방으로 들어가는데 순간 현기증이 나면서 정신줄을 놓을 뻔했다. '이러다가 죽는 건가'라는 생각에 한편으로는 무섭고, 한편으로는 허무하다는 생각이 들었다.

태어나서 이렇게 사고 비슷한 걸로 병원을 찾는 건 이번이 두 번째다. 3살 때 입었던 손 화상을 치료하기 위해 스무 살 때 병원에 장기 입원했던 게 첫 번째 경험이니 무려 27년 전이다. 당시 굽어있던 손가락 7개를 펴기 위해 서혜부 살을 손가락에 이식하는 꽤 큰 수술을 했더랬다.

내 경험에서 유일했던 수술은 시간도 8시간이나 걸리고 병원 입원도 오래 해야 하는 거였기에 이번에도 당연히 입원하고 오래 걸리지 않을까 라는 생각부터 들었다. 힘은 들었지만, 병원으로 가면서 급한 대로 회사에 먼저 몇 개 톡을 보내 뒀다.

응급실 진료를 기다리면서 하나님께 화살기도를 올렸다. 제발, 큰일이 없도록 해 달라고. 이번에 한 번 더 기회를 주시면 제대로 살겠노라고. 냉담한 지 꽤 오래됐음에도 마음 한편에는 계속 갈급함이 있었던 듯싶다. 별일이 없다면 성경 읽기부터 재개해야겠다는 생각이 가득해졌다.

상태가 위중해 보이니 응급실에서도 바로 조치를 취해줬다. 상처가 약 6cm로 범위가 넓고 깊으니 일단 봉합 후 뇌출혈 등이 없는지 CT 촬영을 해보자고 했다. 의사 선생님은 인턴처럼 보이는 두 분에게 설명해가면서 봉합을 하셨다.

의사 선생님은 국소마취 전에 연고를 찾으시며, 연고로 머리카락을 고정시키면 머리카락이 상처 주변으로 들어가지 않아 염증을 예방할 수 있다는 설명을 하셨다. 대신 머리 상처에는 연고를 쓰기보다 눈에 안 보이는 부위니 차라리 피가 나서 딱지가 생겨 상처를 빨리 낫게 하는 게 좋고, 얼굴처럼 보이는 곳은 흉터가 생기지 않도록 연고를 쓰는 게 바람직하다는 말씀도 하셨다.

인턴 선생님들은 건성으로 듣는 거 같았는데, 정작 환자인 나는 신기해하면서 '연고가 이렇게도 쓰이는구나. 집에 가면 잊기 전에 기록해둬야지'라는 생각에 마음이 바빴다. TED에서 좋아하는 강연 중 하나는 하버드 뇌과학자 질 볼트 테일러(Jill Bolte Taylor)의 뇌졸중 체험 스토리다. 그분은 뇌졸중으로 신체 마비를 겪는 와중에도 자신에게 일어나는 신체변화를 경이로운 시선으로 바라보면서, 뇌과학사로서 그런 경험을 한다는 것 자체를 매우 신기하고 감사한 기회로 받아들이는 긍정적인 분이었다.

상처를 치료하는 방법은 두 가지였다. 상처부위 머리카락을 다 잘라내고 실로 봉합하는 방법, 의료용 스테이플러로 찍는 방법. 머리카락이야

없어도 가발을 쓰면 되니 나는 전자를 선택했다. 그런데 몇 번의 마취주사 후에 의료용 스테이플러를 찍기 시작하셨다. 10번 정도 찍고 난 후 다 되었다며, 다행히 상처가 일자 모양이라 스테이플러로 대신했다고 하셨다. 그럼, 도대체 내 의견은 왜 물어보신 거지?

태어나서 머리 CT 촬영도 처음이다. 누우니 철심을 받은 뒷머리가 꽤나 불편하다. 웅웅하는 소음이 요란하게 들리는 곳에 들어가서 몇 분 있으니 다 끝났다고 하셨다. 이제 주사 맞을 일만 남았다. 파상풍 예방접종과 피부 알레르기 검사 후 항생제 링거를 맞았다.

CT를 판독하시던 선생님께서 자세히 설명해주셨다. 다행히 뇌출혈 증상이 아직까지는 보이지 않지만, 며칠 후 나타날 수도 있으니 신체 마비가 오거나 머리가 아프면 바로 병원으로 와야 한다고 신신당부를 하셨다. 누워서 자다 보면 상처부위가 다시 벌어질 수도 있고 그러면 다시 재봉합을 해야 한다는 끔찍한 경고도 하셨다.

머리는 열흘 정도 절대 감아서는 안된다는 말을 덧붙이시면서 인근 외과병원에서 소독을 자주 하고 푹 쉬어야 빨리 낫는다고 하셨다. 피로 떡 진 머리에서 피 냄새가 가득한데 머리를 감을 수 없다니. 회사에 제출하려고 진료확인서를 떼어보니 내 병명은 〈Laceration of scalp〉이다. 왜 병명에 두피 열상이라고 한글은 안 적고 영어만 적는 거지?

집에 오니 막내가 내 사고의 전말을 말해줬다. 막내는 막 화장실에서 나오던 참에 내가 넘어지는 과정을 그대로 목격한 거다. 나는 처음에 뒤로 넘어지면서 화장실 모서리에 머리를 찧었고, 무리해서 일어나려다 뒷머리가 찢어진 충격을 못 이겨 다른 쪽 벽 모서리에 앞머리를 찧었던 것이다. 그래서 오른쪽 이마 언저리에 계속 통증이 있었나보다. 그 뒤로 나는 머리를 싸매고 계속 끙끙대며 일어나지 못했고, "나 피 나"라는 말만 아이처럼 되뇌었다고 한다.

물론 나는 아무것도 기억이 안 난다. 피가 흥건했던 마루는 막내가 물티슈로 깔끔하게 닦아뒀다. 아이라고만 생각했는데 '이제 다 컸구나'라는 생각에 감동이 밀려왔다. 막내는 내게 '혹시 다시 넘어지면 안 되니 앞으로 집에선 헬멧을 쓰고 지내'라는 깜찍한 제안도 했다.

열흘간은 안정을 취해야 해서 예정되었던 모든 일정을 취소하느라 바빠졌다. 다음 주 예정이었던 승진시험부터 내년으로 미루고 시험을 치르기 위해 예약했던 숙소와 기차표를 취소했다. 영어 스터디와 일어 스터디를 취소하고, 1:1로 진행하던 외국어 인증 버디들에도 양해를 구했다.

PT 수업도 취소하고, 다이어트 카페에도 작별을 고했다. 블로그 이웃님과의 오프라인 만남도 일단 미뤘다. 업무 관련해 계획됐던 일정들도 부서원 분들과 다른 부서 과장님들께 부탁드렸다. 연말 발간 예정이었던 두 번째 책 에디팅 관련해 촉박한 일정이 맘에 걸렸지만 눈을 질끈 감았다. 최종 편집은 다른 공저자분들을 믿고 가는 수밖에.

한 시간 남짓 급한 일정 정리를 마치고 나니 극도로 피곤이 몰려들었다. 성경을 읽을 엄두는 안 나서 온라인 신약성경을 들으며 엎드려 잠을 청했다. 자세가 불편해 여러 차례 뒤척였는데, 놀랐던 긴장이 풀려서인지 어느새 숙면을 취했다.

이번 일이 아니었다면 올해 남은 3주도 정신없이 내달렸을 듯싶다. 일주일 동안은 시험공부에 전념했을 테고, 업무는 업무대로 맹렬 정진을 했을 게다. 내년도 업무 주요 방향을 잡겠노라고 서른 권 이상 책을 주문해 읽으려고 벼르던 참이었으니.

얼마 전에 생각지도 못했던 사고를 당하면서 내 인생의 방향이 완전히 달라졌다. 사실 그 사고가 아니었다면 이 책이 세상 빛을 보기도 어려웠을 거다. 사고 이후 내 삶에 대해 진지하게 돌아보게 되었고, 집에서 머물며 남편과 함께 오랜 시간을 보내면서 내가 생각했던 것보다 남편은 내게 더 소중하고 의미 있는 존재라는 것을 깨닫게 됐으니 말이다.

제6장
개화기

YES DAY

    사이좋은 부부로 재탄생하고 싶다는 열망을 안고 맞이한 100일 프로젝트의 첫날인 2022년 1월 1일을 "YES DAY"로 정했다. 규칙은 간단하다. 가족들이 어떤 부탁을 하더라도 일단 긍정의 언어로 대답하는 것이다. 사실 이 날은 동명의 영화에서 아이디어를 얻은 것이다. 영화 속 부모는 아이들을 위한다는 명목으로 늘 안 돼(NO)를 외치지만, 딱 하루 아이들의 요청에 무조건 YES로 대답하기로 하고, 이를 계기로 부모와 자녀 간에 깊은 유대감을 맺게 된다.

    계획 세우기를 좋아하는 나는 새해를 앞두면 무척 설렌다. 이런 나의 에너지를 다른 가족 구성원에게도 전파하고 싶은 마음에 우리 집엔 비장한 전운이 감돌기도 한다. 아직 철부지 아이들이라도 이냥 저냥 대충 흘러 보낸 올해와 달리 내년은 새로운 마음으로, 빛나게 시작하고 싶다는 마음이 가득하기 때문일 게다. 아이들이 엄마 말을 곧잘 따르던 3~4년 전에는 매년 우리 집 십계명을 정하곤 했다.

각자 가족에게 바라는 최소 룰을 몇 개 정하고 10개에 맞춰서 무리한 규칙은 삭제하는 과정을 몇 번 되풀이하다 보면 서로가 그럭저럭 만족할 만한 십계명이 정해지곤 했다. 하지만 매년 정했던 규칙은 만들 때만 신나서 정할 뿐 한 달도 채 지나지 않아 흐지부지되곤 했다.

지키지 않으면 벌칙이 따르지만, 서로 지키지 않고 통 크게 서로의 벌칙을 면제해주는 아량을 베푸는 까닭이다. 상황은 꽤나 다르지만, 서로 자백하지 않으면 무죄로 풀려날 수 있지만, 서로를 믿지 못해 자백해버려 유죄가 되어버리는 〈죄수의 딜레마〉와 비슷하다는 생각을 하곤 했다. 상호 합의한 원칙을 일관성 있게 적용하면 다들 만족할 만한 결과를 손에 쥘 수 있는데, 다 함께 무너져서 고 자리를 맴도는 상황이 비슷한 것 같다.

2022년에는 우리 가족 계명을 거창하게 10개를 정하는 대신 간결하게 딱 3개만 정하기로 했다.

1. 건강관리에 신경 쓴다
2. 자기 앞가림을 스스로 한다

3. 서로 아껴준다

건강을 위해 매일 술 마시는 남편에게 주 4회 이하로 줄여주기를 부탁했다. 남편을 소중하게 여기게 되니 알콜 중독 후유증으로 돌아가신 시아버지 뒤를 따를까 싶어 걱정이 많이 된다. 남편이 따를지 여부는 미지수다. 한참 예쁜 나이가 된 큰 딸에게는 내 PT 수업을 양보했다. 겨울방학 동안 근력을 키워 몸도, 뇌도 아름다운 여인으로 거듭나 매력적인 이들과 교류하며 청춘의 특권을 누리기를 바라기 때문이다.

자기 앞가림을 스스로 하는 차원에서 아이들에게 각자 방을 치우자고 제안했다. 아이들에게 선택권은 없다. 오늘은 〈YES DAY〉니까. 아이들이 먹고 싶다는 음식을 만들어 달라는 요청에 나도 'YES', 함께 보드게임을 하자는 요구에 나는 'YES'. 공부 좀 하자는 나의 요구에 아이들도 'YES'로 화답한다.

서로 아껴주자는 세 번째 목표를 달성하기 위해 〈나의 남편 아끼기 여정〉을 본격적으로 글로 엮어내기로 결심했다. 〈투덜이 아내〉에서 〈응원군 아내〉로 달라지는 과정을 그리고, 나처럼 일찍 은퇴를 맞이한 낙엽족 남편과 사는 워킹맘 아내들에게 전하고 싶은 메시지를 담으려고 했다. 물론 제1의 독자는 내 자신이다. 늘 힘들었던 남편과의 관계에서 지혜로운 해결책을 찾고 싶어서 오늘도 나는 내 자신을 모르모트 삼아 프로젝트를 가동 중이다.

새해 첫날을 새벽까지 술 마시며 맞이하는 남편에게 잔소리를 퍼부으려다 오늘이 YES DAY란 게 떠오른다. 오늘 밤 하루만은 제발 마시지 말라고 부탁했고, 마시면 벌금 20만 원을 내기로 합의했다. 아이들에게도 잘 감시하라고 미션을 주고, 혹시 아빠의 일탈행위가 발각되면 1/N로 벌금을 나누기로 했다. 시끄러운 말다툼으로 끝나곤 했던 남편의 음주가 쿨한 이벤트로 변신했다.

최근에 읽었던 한 책에서 고통에 저항을 곱하면 괴로움이 된다는 내용을 본 적이 있다. 이 등식에 따르면 고통의 수준과 괴로움의 크기가 비례하지만 저항이라는 변수를 줄이면 내가 겪는 심적인 괴로움을 다소라도 저하시킬 수 있다. 극단적으로 저항을 제로로 만들 수 있다면 물리적인 고통을 겪더라도 마음은 괴롭지 않을 수도 있는 것이다.

그동안 나는 '남편의 음주'라는 불쾌하고 고통스런 일이 벌어질 때마다 강하게 저항했고 결국 괴로움도 함께 커졌다. 하지만 이제 저항 대신 인센티브나 페널티로 전략을 바꿨다. 남편이 아무리 술을 마셔도 저항하지 않으면 괴로움이 '0'이 되니까. 바꾼 전략 덕분에 남편의 음주습관 때문에 다투는 일이 거의 없었다. 올해도 기대된다.

코로나19가 불러온 연대의식

"ㅇㅇ, 자가 키트 양성 뜸."

잉? 퇴근을 한 시간 남짓 앞둔 3월 어느 날 오후. 막내가 가족 단톡방에 톡을 남겼다. 남편이 코로나 자가진단 양성이라는 거다. 피가 거꾸로 솟는 느낌이었다. 회사에 상황을 알리고 부랴부랴 조퇴를 해, 집에 있는 두 아이를 데리고 신속항원검사가 가능한 인근 병원으로 향했다.

병원에는 사람이 꽤 많았다. 한참을 기다리다 순서가 되어 검사를 받았다. '신속'이라는 단어가 과장이 아니었다. 빠르면 2분, 늦어도 10분 내에 결과를 알 수 있다고 했다. 결과가 어떻게 될지 노심초사하며 마음 졸이고 있는데 의사 선생님은 여유롭게 이런저런 말씀을 건네신다. 한참 후에 세 명 다 음성이라고 알려주셨다.

마치 개선장군처럼 의기양양한 모습으로 한껏 신나서 집으로 돌아왔다. 그 사이 남편은 선별 진료소에 가서 검사를 받았다. 음성 3인방인 우리는 당장 양성 의심자인 '남편 격리 작전'에 들어갔다. 일단 내 방을 남편 방으로 하고, 거실 욕실은 남편만 쓰도록 했다. 남편이 방 밖을 나올 때는 무조건 마스크를 끼도록 했다.

음성 통지를 받았지만, 남편의 PCR 검사 결과가 나오지 않아 회사에는 일단 연가처리를 하고 상황을 지켜봤다. 자가진단키트 결과가 양성이라도 일부 음성으로 나오는 경우도 있다고 했기에 일말의 희망을 버리지 않고 있었다. 하지만 행운은 우리 편이 아니었다. 다음날 아침 보건소에서 남편이 양성이라는 문자가 도착했다.

아이들과 나는 한껏 풀이 죽어 PCR 검사를 하러 집을 나섰다. 우리집 발이 되어주었던 남편이 집 밖을 나갈 수 없는 상황이 되니 이동하는 것도 쉽지 않게 되었다. 비가 추적추적 내리고 있었지만 터벅터벅 걸어 40분 거리에 있는 국립대병원을 찾았다. 점심 직후라서 인지 단 한 명의 대기자도 없었다. 나중에 알았다. 시청 선별 진료소와 달리 여기는 개인당 만원에 살짝 못 미치는 검사비가 있었다. 한산했던 건 그래서였을까? 게다가 얼마나 열정적으로 검사를 하던지, 나는 코피까지 쏟았다. MSG 살짝 뿌리자면, 뇌까지 뚫릴 것 같은 고통에 코 안이 마구마구 파헤쳐지는 느낌까지 더해졌다.

맛있게 저녁을 먹고 나니, 전화벨이 울렸다. 검사를 했던 병원이다. 셋 다 양성이었다. 어차피 결과를 바꿀 수는 없으니 긍정적인 방향으로 생각하기로 했다. 자가격리가 검체 채취일로부터 7일이기에 아들은 목요일에 있을 모의고사를 치를 수 있다. 나는 주말에 예정된 불어 시험을 치를 수는 없지만 양성이니 다행히 환불은 받을 수 있다.

무엇보다도 남편의 위상이 높아졌다. 당장 마스크를 호기롭게 벗어던지며, 자신이 하루 먼저 격리가 끝난다며 위풍당당해했다. 격리기간 동안 먹을 식량을 계산해봤다. 계란을 무척 좋아하지만 남은 계란은 24알. 목요일은 이미 다 지났으니 남은 6일 동안 매일 최대 4개씩만 먹을 수 있다. 계란 프라이를 하면 인당 기본 2개씩은 먹었는데, 이제 무조건 1개씩이다.

집에 유폐되어 있는 동안 가장 큰 걱정은 '세 끼를 어떻게 해결할까'였는데, 의외로 쉽게 해결되었다. 주변에서 온정의 손길이 끊이지 않았기 때문이다. 조카들이 확진이 되면서 자가 격리의 불편을 먼저 겪어봤던 동생이 센스 넘치게 배달 앱으로 상품권을 선물해줬다. 친한 지인 몇 분도 배달 가능한 상품권을 보내주셨다.

동생에게 소식을 들은 친정엄마도 각종 반찬과 고기를 잔뜩 챙겨 택배로 보내주셨다. 시어머니도 김치를 보내주셨다. 죽과 국, 과일을 보내준 친구 덕분에 내가 사는 곳도 새벽 배송이 가능하다는 것을 알게 되었다. 죽 상품권도 받은 덕분에 평소보다 더 다양한 음식으로 매끼 식단을 차릴 수 있었다.

따뜻한 마음을 주고받는 게 이토록 가슴 훈훈한 일이라는 걸 새삼 깨닫게 됐다. 내가 얻게 된 건 마음뿐만이 아니다. 현관문 밖으로 한 발짝도 나가지 못하고 매끼 고열량으로 먹다 보니 일주일새 3kg 가까이 늘어버렸다. 원치는 않았지만, 넘치는 피하지방과 볼륨감까지 선사받은 일주일이었다.

"코로나19가 나보다 더 열심히 살아."

과학 숙제를 하던 막내딸이 요즘 유행하는 문장이라며 말해준다. 끊임없이 변이를 만들어가며 열일 하는 코로나. 심각한 상황임에는 틀림없지만 기지 넘치는 유머로 비극을 희극으로 전환하려는 신박한 마음가짐에 잠시 감동해본다.

코로나 양성 판정을 받았지만, 특별한 증상이 없었고 일주일동안 외부 외출이 불가능한 상황이라 미션을 만들고 이행하는 걸 좋아하는 내게는 천우신조였다. 게다가 내가 가장 싫어하는 남편의 습관인 음주가 불가능한 이 완벽한 상황이라니. 남편은 내가 잠들기를 기다려 한밤중에 집 앞 편의점에서 술을 사와 밤새 좋아하는 영상을 보면서 마시는 게 취미이자 유일한 낙이었다. 하지만 갑자기 자가 격리 대상자가 되면서 미처 술을 비축해두지 못했다. 계획형인 나라면 PCR 검사 전에 사뒀겠지만. 무계획형인 남편의 성향이 이처럼 반가울 줄이야.

우리보다 하루 일찍 자유의 몸이 된 남편은 의기양양한 모습으로 분리수거에 나섰다. 의도치 않게 집 안에 '유폐'되어 남편과 만 일주일을 한 공간에서 지내는 것은 생각보다 괜찮았다.

개그맨 중에 행복한 가정을 이룬 사례가 언론에 종종 소개된다. 이분들의 공통된 특징은, 한 때 무척 유명했지만 결혼 후에는 방송에서 좀처럼 만나기 어렵다는 거다. 그들은 방송 출연 제의가 들어와도 잘 응하지 않는다고 한다.

결혼 후 두문불출하게 된 이유를 묻자, 한 개그맨은 방송에 나가 대중의 사랑과 관심을 받는 것보다 아내와 아이들과 함께 하는 순간이 더 행복하기 때문이라고 답했다. 가족과 함께 긴 시간을 보내면서 다른 동료들보다 사회적인 유명세에서는 뒤쳐질 수밖에 없었지만, 그는 이 시간을 결코 후회하지 않는다고 밝혔다.

사회적으로 의미 있는 일을 하면서 명성을 드높이는 것은 좋은 일이다.

하지만 남편이 검사로 재직하던 시절, 남편이 너무 바쁜 탓에 국가에게 남편을 뺏긴 기분이 들 때가 많았다. 보다 안전하고 나은 사회를 만들기 위해 남편이 전념하고 있다는 생각에 남편이 자랑스럽기도 했다.

그럼에도 지금 나는 국가를 위해 헌신하는 '나라의 사람'보다 나만 바라보고 나를 위해주는 '내꺼'로서의 남편이 더 좋다. 지금 내 옆에서 함께 낄낄대고, 다리에 쥐나면 주물러주고, 등이 가려울 때 여기저기 시원하게 긁어주는 남편이 있어서 행복하다.

19금 영화 상영일

드디어 내가 미쳤나보다. 남편 사랑하기 역할에 몰두하다보니 심지어 안방에서 코골며 자고 있는 남편 모습이 사랑스러워 보인 거다. 부지런히 출근 준비를 하던 어느 날 아침, 곤히 자고 있는 남편을 봤다. 뽀뽀를 하고 싶다는 생각을 아주 잠깐 했다.

물론 바로 고개를 저었다. 구취를 풍길 게 자명하니. 자세히 보니 면도도 안한 지 며칠 된 것 같다. 까끌까끌한 느낌이 싫어서 수염 난 남편과는 뽀뽀하는 걸 싫어한다.

남편은 깨어 있으면 내가 출근할 때 현관문 앞에서 나를 꼭 껴안아준다. 남편은 출근할 때 내 모습을 좋아한다. 예쁜 옷을 차려입고, 화장을 막 했을 때 내 모습이 남편 마음에 드는 듯하다. 강한 포옹 뒤에는 가벼운

입맞춤이 따라올 때도 있다.

처음에는 마스크를 꼈다고 싫어했지만, 어차피 립스틱도 안 바르는데 진한 키스 좀 하고 출근한다고 세상이 두 쪽 나는 것도 아니기에 요즘에는 남편이 원하는 대로 몸을 맡기는 편이다.

엘리베이터가 도착할 때까지 남편은 함박웃음을 지은 채 열심히 돈 벌어 오라며 일본의 마네키네코 인형처럼 부지런히 손을 흔든다. 퇴근하면 고생했다며 엉덩이를 톡톡 두들겨준다. 남편이 미울 때는 남편의 손길도 싫어서 궁디팡팡을 피해서 도망을 다녔는데, 이제는 남편의 궁디팡팡을 은근 기다리기도 한다.

스킨십은 친밀함의 완성이다. 사랑하니 스킨십을 할 수도 있지만, 나는 스킨십 속에 애정이 솟아난다고 믿는 편이다. 우리 부부는 이제 중년이다. 인생의 리즈시절이었던 첫 만남 때도 보기만 해도 뜨거운 사랑이 샘솟을 만큼 매력적인 외모는 아니었으니 지금은 더욱 말할 것도 없다. 중년부부 사이에는 사랑이라는 단어가 '열정'이라는 뜨거운 단어보다는 '정'과 '의리', '동지애'라는 단어에 더 가깝게 느껴진다. 스킨십을 하고 싶은 마음이 저절로 생기는 연령대가 아니니, '노력'이 필요한 시기다. 적극적인 스킨십을 유도하기 위해 얼마 전 남편 생일에 스킨십 쿠폰을 선물하기도 했다.

남편과 육체적 친밀도가 높아진 것은 남편의 퇴직 이후다. 그 전까지는 시어머니와 함께 살았기 때문에 성생활이 자유로울 수 없었다. 게다가 아직 어린 세 아이를 키우느라 늘 지쳐있었기 때문에 성적 즐거움을 누리는 것은 사치에 가까웠다. 자정 넘어 간신히 퇴근하고 다음날에도 새벽기상을 이어가며 이미 체력이 바닥난 나를 시도 때도 없이 탐하는 남편에게 "나는 사창가 창녀가 아니다."라며 큰소리를 치기도 했고, 시어머니는 이런 나를 두고 '남편 사랑을 거부하는 어리석은 아내'라며 나무라셨다. 하지만 고작 너 댓 시간 정도밖에 자지 못하기에 잠이 절실하게 필요한데, 내 단잠을 깨우고 스킨십을 강요하는 건 참을 수가 없었다.

하지만 이제 남편이 살림을 거의 도맡아하기 때문에 퇴근 후에 불필요한 가사노동에 시달릴 필요가 없다. 게다가 회사 문화도 바뀌었다. 워라밸 문화가 자리 잡고 관리자급으로 승진하면서 퇴근시간 이후에 잔업을 하는 것을 기피하는 문화가 조성되었다. 큰 아이가 독립하면서 나도 내 방을 갖게 되었다. '으른'의 19금 특권을 맘껏 누리기에 충분한 여건이 조성된 것이다. 물론 아직 남편이 원하는 빈도에 맞추기에는 무리가 있다.

남편은 성적 욕구가 왕성한 편이고, 집에서 쉬면서 잠만 자고 내가 퇴근할 무렵에 본격적으로 활동하기 때문에 내가 잠자리에 들 무렵에 남편의 에너지는 100% 충전된 상태다. 그래도 지금은 부부관계를 할 때는 남편이 원하는 스킨십을 아낌없이 해주려고 노력한다. 나 역시 내가 원하는 바를 분명하게 말한다.

이런 변화가 갑자기 찾아온 건 아니다. 남편과 나는 서로 다른 성적 기대로 인한 갈등이 컸었다. 변화의 계기는 의외의 곳에서 찾아들었다. 내가 웹툰에 빠져들게 된 거다. 큰 딸이 굉장히 재미있는 만화라고 추천해 줘서 보게 된 애니메이션을 필두로 보이러브(BL) 장르에 몰입하게 된 거다. 이후 유사 장르의 일본 애니메이션을 연달아 보면서 웹툰도 찾아보게 되었다.

한국 드라마를 통해 한국에 대해 환상을 품게 된 일본의 중년 아줌마들이 뒤늦게 덕질을 하는 것처럼, 나 역시 반백을 바라보는 나이에 웹툰과 애니메이션 덕질을 본격적으로 하게 되었다. 만화와 영상을 통해 매일 멋진 남성들을 만나다 보니 잠들어 있던 사랑세포가 되살아나는 게 느껴졌다.

연애세포가 되살아나니 남편과 러브러브 전선을 형성할 만큼 마음은 잘 맞았지만 우리만의 공간을 만드는 게 늘 숙제였다. 큰 아이가 독립하기 전에는 남편과 나만의 공간이 없었기 때문에 몰래 눈치를 봐가며 아이들이 잘 때를 기다리곤 했지만, 혈기왕성한 10대 숭후반 아이들은 자정이 넘도록 잘 기미를 안보일 때가 많았다.

아이들이 게임 삼매경일 때 비어 있는 방에서 몰래 접선을 하면서 스릴을 느끼기도 했다. 이럴 때 느낀 건, 인간도 정말 동물이라는 거다. 스킨십을 한 다음날에는 남편에 대한 사랑이 샘솟는 게 느껴졌다.

어느 날 문득, 기혼자에게 합법적으로 허용된 행위를 마음껏 할 수 있다는 게 결혼생활의 장점인데 이걸 구태여 피할 필요가 있나 싶었다. 10년 전에는 이런 '으른의 삶'을 가로막는 장벽이 도처에 있었다. 혈기왕성했던 남편과 달리 늘 피곤했던 나. 방이 달랑 3개인지라 거실 너머에 시어머니가 주무셔서 소음을 내면 절대로 안 되는 상황. 점점 커가는 아이들을 양 옆에 두고 사랑을 나눠야 하는 게 불가피한 조건. 도저히 영화 속 달달한 분위기를 연출할 수 있는 여건이 아니었다.

제약조건이 너무 많으니 남편도 어쩔 수 없었겠지만, 전희와 무드 제로 상태에서 무조건 사정 질주 본능으로 달리는 남편이 밉기만 했다. 다행히 이제 쉰이 넘으니 남편도 예전만큼 혈기왕성하지 않다. 나 역시 이제는 예전보다 직장 스트레스도 살짝 줄고 양육부담에서도 어느 정도 자유로워져 남편 욕구에 부응해줄 수 있을 만큼 체력이 된다. 드디어 농밀한 몸의 대화가 가능해준 수준이 된 거다. 연애시절을 포함해 서로에게 맞는 짝이 되기까지 무려 23년이 걸리다니.

얼마 전 읽었던 신문기사에 따르면 남성도 갱년기를 겪는다. 남성호르몬인 테스토스토론이 감소하기 시작하는 40대와 50대에 탈모와 뱃살 증가와 같은 신체변화 뿐만 아니라 감정의 기복도 심해진다. 회사에서의 승진 누락과 같이 자존감이 저하되는 경험이 누적되면 갱년기 증상이 심해질 수 있다. 자존심 강한 남자들은 자신들의 이런 증상을 밖으로 표현하는 것을 꺼려한다. 여성들이 서로에게 어려움을 호소하면서 심적인 위안을 얻는 것과 정 반대다. 겉으로 표현하지 않으니 아내는 오해를 하게 된다.

　이런 점에서 부부 모두 갱년기에 대한 대처가 필요하다. 성호르몬이 감소되니 성생활이 이전과 같을 수는 없다. 서로에 대한 더욱 세심한 배려와 노력이 중요한 이유다. 부부 간에는 마음을 나누는 것뿐 아니라 몸의 대화 역시 중요하니까. 나보다 열 살 손위인 동서형님이 폐경 이후 성생활이 힘들다며 하소연을 하셨다. 생각해보니 나도 이제 얼마 남지 않았다. 언제 찾아올지 모르는 폐경기를 지혜롭게 넘기려면 즐길 수 있을 때 신나게 즐겨야겠다. 오늘밤 청불 영화 한 편 찍자고 남편에게 슬쩍 텔레파시 보내 볼까나?

부부 중심 축적의 시간

나는 초보운전자다. 22년 전에 면허를 땄지만 운전을 싫어해서 통 운전을 하지 않으니 여전히 초보 신세를 면하지 못하고 있다. 면허를 따고 처음 3년간은 꽤 운전을 했다. 대중교통이 불편한 곳에서 본격적인 직장생활을 시작했기에, 차를 몰아 출퇴근을 했다.

남편보다 면허를 먼저 땄기 때문에 부모님 고향 방문과 아이 병원 방문도 다 내가 책임졌다. 하지만 언제부터인가 운전할 필요가 없어져서 한참을 안하다보니 이제는 처음 운전하던 시절보다 더 운전을 못하게 됐다.

물리적인 시간 경과와 실력 향상이 정비례하는 것이 아닌 것은 비단 운전에만 국한되지 않는다. 면허가 있어도 노력하지 않으니 운전 실력이 전혀 나아지지 않는 것처럼, 부부관계도 마찬가지다.

　결혼을 했다고 무조건 베테랑 배우자가 되는 건 절대 아니다. 운전은 포기했지만, 다행히 아내의 길은 포기하지 않아 다행이다. 꽤 돌아오긴 했지만, 초보 아내의 길을 과감히 접고 베테랑 아내가 되기 위한 추월차선으로 갈아타니 삶이 꽤 그럴듯해졌다.

　베테랑 배우자가 되기 위해서는 축적의 시간이 필요하다. 부부가 함께 고난을 이겨내고 역경을 견뎌내는 큰 시련을 함께 하며 이 축적의 시간이 더욱 농밀해진다.

　신혼 때 깨 볶으며 살던 부부 상당수가 이혼에 이르는 걸 보면 무조건 시간이 흐른다고 서로에 대한 관심과 열정, 애정이 쌓이는 게 아니란 건 분명하다. 서로를 알기 위해 노력하고, 이해하기 위해 한 발짝 떨어져서 관조하는 '의도적인 노력'이 필요하다.

　사람마다 고통을 견딜 수 있는 역치가 다르다. 민감한 사람은 조그마한 자극과 문제 상황에서도 극한의 스트레스를 받는다. 좀 둔한 사람은 무던하게 어려운 상황을 이겨낼 수도 있다. 부부가 함께 더 나은 배우자가 되기 위해 노력하다보면 부부 역치가 상승한다. 최근에는 남편이 살림을 전담하고 여성이 경제활동을 하는 가정 중에 부부관계가 나아졌다는 이야기를 종종 접하게 된다.

집에서 육아와 가사를 전담하며 나름의 역할을 하고 있지만 직장 다니는 부인에 대해 남편은 아무래도 고마운 마음을 갖게 된다. 하루 종일 일하고 기진맥진해서 퇴근하는 아내를 보면서 경제력을 의존하는 상황에 대해 미안한 감정도 품게 된다. 그래서 더 아내의 감정에 예민하게 반응하고 좀 더 세심하게 아내의 기분에 맞춰주려고 노력하게 된다.

남편도 마찬가지였다. 내가 저녁을 먹으려고 하면 밥상을 차려주고 싶어 했다. 하지만 나는 내가 먹고 싶은 것 몇 가지만 꺼내서 조용히 혼자 먹는 걸 선호했다. 그럼에도 남편은 홀로 밥 먹는 내 주변에서 서성이곤 했다. 불편한 나는 저리 가라고 손사래를 치고는 했는데, 지금 생각해보니 남편은 자신이 한 반찬을 내가 맛있게 먹는지 궁금했던 거 같다.

나 홀로 행복한 삶을 사는 것도 나름 의미가 있겠지만, 베테랑 아내로 거듭난 김에 남편과 보폭 맞춰 걸어가는 삶에서 기쁨을 찾고 싶다. 존 가트맨(John Gottman) 박사는 '비난, 경멸, 방어, 담쌓기'라는 부정적인 관계의 방식을 결혼을 위협하는 4대 요소로 규정했다. 이런 유형의 대화를 자주 나누는 부부의 90% 이상이 결국 파경을 맞이했다고 한다. 이 네 가지는 그동안 우리 부부 사이에 자주 등장했다. 평소 과묵한 편인 남편보다는 내가 남편에 대한 방어기제로 주로 사용해왔던 전략이기도 하다.

나에게 익숙한 이 모습들과 결별하기 위해 나는 꽤나 고군분투했다. 한 번 노력한다고 내가 쉽게 바뀌지는 않았다. 매일 청소해야 늘 깔끔하고 청량한 환경을 누릴 수 있듯이 부부관계도 마찬가지였다. 조금이라도 의식적인 노력을 소홀히 하면 어느새 부정적인 감정과 익숙한 태도가 드러나 그간의 노력을 거품으로 만들어버리곤 했다.

하지만 나는 똑같은 실수를 거듭하며 넘어지더라도 나를 쉽사리 포기하고 싶지 않았다. 좀처럼 앞으로 나아가지 못하고 비슷한 실패를 반복하는 나에 대해, 다른 사람들이 비난의 목소리를 높이더라도, 적어도 나만큼은 끝까지 나에게 최후의 응원군으로 남고 싶다.

함께 영어스터디를 하는 멤버분의 프로필에 당신의 인생에서 단 하루도 후회하지 말라는 취지의 글이 있었다. 모든 날이 나름의 흔적을 남기기 때문이다. 좋은 날은 행복을, 나쁜 날은 경험을, 최악의 날은 교훈을, 최고의 날은 추억을 남긴다. 이 글이 가슴에 울림이 컸던 것은 나의 결혼생활을 압축해서 설명하는 듯했기 때문이다.

남편과 함께 했던 즐거운 날은 '행복'이라는 감정으로 새겨졌고, 힘들었던 날은 '경험'이라는 무늬로 남았다. 최악이라고 여길 만큼 고통스러운 날은 내게 '교훈'을 남겼고, 완벽한 하루로 다가온 날은 아름다운 '추억'을 선사했다. 결국 남편과 함께 했던 날 중에 그 어떤 하루도 의미 없이 지나간 적은 없었던 것이다.

앞으로 함께 할 날들도 이렇게 매일 매일이 소중할 것임에 분명하다. 그러니 어떤 날이 펼쳐지더라도 후회할 필요가 없다. 힘들면 아파하고, 슬프면 울고, 기쁘면 웃으며 지내면 되는 거다. 남편과 함께.

정규직 대신 계약직 부부

인생이 명사가 아닌 것처럼 인생의 중요한 부분 중 하나인 부부관계도 동사다. 의도성을 지니고 지향점을 향해 노력해야 하는 움직씨인 것이다. 결혼을 할 때 예비부부가 결혼서약에 대답해야 하는 시간이 있다.

결혼식장에 입장했다는 자체가 평생 배우자에게 충실한 반려자가 되겠다는 결연한 의지를 표명한 것이니 거의 '네'라고 대답을 하게 된다. 하지만 혼인관계의 출발점에서 이렇게 긍정적인 대답을 했다고 해서 마침표의 순간까지 성실하게만 유지되는 것은 결코 아니다.

매년 결혼기념일을 맞아 결혼 생활을 1년씩 연장하는 계약서를 작성한다고 밝힌 작가의 글을 읽은 적이 있다. 이 분은 관성에 젖어 매너리즘으로 살기보다 서로에게 적당한 긴장감을 갖고 상호 조심하며 살자는 취지에서 시작했다고 한다.

매년 서명할 때마다 결혼서약에 대한 상대방의 응답을 기다리는 것처럼 가슴 떨릴 듯하다. 이 결혼을 한 해 더 연장해도 될 지에 대해 진지하게 생각해보면서 좀 더 충실한 결혼생활을 이어나가게 될 것도 같다.

20년 넘게 결혼생활을 유지하면서 그동안 나는 결혼이라는 제도에 편승해 정규직으로 안온함을 즐겼다. 정규직으로 온갖 특권은 다 누리면서 내게 주어진 것들은 특혜가 아니라 당연히 누려야 할 권리라고 여겼다. 이런 비뚤어진 마음의 심연에는 남편이 자리하고 있었다. 남편을 일방 가해자로 몰아서 내가 심리적으로 조금 편해보고자 하는 마음이 도사리고 있었던 거다.

권력이동의 좌표를 냉정하게 살펴보니 내 피해의식의 밑바탕에는 '내가 남편을 먹여 살린다'라는 마음이 뿌리 깊게 자리하고 있었다. 그 안에는 '여자이고 나이도 어린 내가 남자이고 연장자인 남편을 부양해야 하다니'라는 원망이 배어 있었다. 하지만 과연 내가 남편을 먹여 살리는 게 맞을까?

남편이 하루에 기울이는 가사노동을 꼼꼼하게 따져보면 적어도 하루에 4시간 정도는 할애하고 있었다. 밥통에 밥이 떨어질 때는 거의 없었고, 가끔 밥 때를 놓치면 무척 미안해했다. 빨래널기와 개기도 남편 몫일 때가 많았다. 3개의 방과 거실 청소와 쓰레기 분리수거도 남편이 했다. 이 정도면 사실 남편이 나를 먹여 살리는 거 아닌가라는 생각이 들었다.

그동안 나는 남편의 무임노동을 너무나 당연하게 여기고 있었다. 조금이라도 의무를 소홀히 하는 기색이 보이면 매섭게 다그치면서. 365일 휴식 없이 입주가정부를 들인다면 내 급여의 대다수를 뭉텅이로 지급해야 할 거다. 하지만 남편은 이렇게 가사 일을 한다고 내게 별도로 보수를 요청한 적은 없다. 물론 용돈을 청한다고 내가 줬을 리도 만무하지만.

모든 인간관계에는 유효기간이 있다. 한때 무척 친했던 친구도 더 이상 연락을 주고받지 않으면 관계가 단절된다. 부부관계도 마찬가지다. 서로 노력하지 않으면 그들의 인연은 거기서 그친다. 비록 살을 맞대고 같은 공간 안에서 숨 쉬고 있더라도 서로를 좀 더 이해하기 위한 노력을 계속하지 않으면 그 관계는 더 이상 친밀해질 수 없다. 힘 빼고 살면서도 부부간에 최소한의 예의와 서로에 대한 존중, 관심의 끈을 놓쳐서는 안 되는 이유다.

나는 이제 자발적 계약직으로 내 결혼생활을 이어가려고 한다. 매년 결혼기념일에 이 결혼 계약을 갱신할 지를 스스로에게 물으려고 한다. 지금은 만족스럽게 생활하고 있지만, 어느 순간 졸혼을 다시 꿈꿀 지도 모르겠다.

하지만 이미 해봤는데 소용없었다는 식의 패배자 같은 마음가짐은 이제 더 이상 갖지 않기로 했다. 결혼생활을 통해 많은 아픔을 겪은 건 사실이지만, 가족을 일궈 남편과 함께 우리만의 영토를 만들어가면서 흘렸던 눈물과 땀방울, 함께 했던 웃음과 추억, 모두가 다 소중하기 때문이다.

교과서처럼 멋진 이상적인 부부처럼 살아도 좋지만, 모든 부부가 다 똑같은 모습을 보인다면 그 또한 재미가 없을 것 같다. 위태롭게 간신히 부부라는 타이틀만 유지해오던 우리 부부는, 그래도 다행히 부부라는 명목을 지탱해온 끝에 또 다른 균형점을 찾는 데 성공하게 되었다.

우리부부는 모범부부의 시선에서는 아직도 한참 모자랄 수도 있다. 나역시 정상가족 이데올로기에 사로잡혀 있던 시절에는 우리 부부의 모습이 너무 부끄러웠다. 하지만 나는 지금 우리 부부의 삶에 만족한다. 그러면 된 거 아닐까? 모성신화를 극복하고 피해자 코스프레를 벗어던지니 삶이 꽤나 만족스러워졌다.

이제, 여러분의 차례다. 이 책을 선택하셨다는 것 자체가 이미 여러분이 '훌륭한' 배우자라는 걸 입증한다. 책을 읽지 않아도 될 만큼 멋진 분들은 끊임없이 독서하며 자신을 더 향상시키려 노력하고, 책을 통해 크게 개선이 필요해 보이는 분들은 의외로 책과 거리가 먼 삶을 이어가는 경향이 있는 듯하다. 그래서 양극화와 계층화가 심해지는 것일 수도.

　내 첫 책은 자녀양육에 대한 거였고, 두 번째 책은 직장생활에 대한 거였다. 나는 가정과 회사에서 고충을 겪는 분들께 도움 드리고 싶어 책을 썼는데, 정작 내 책에 관심보이고 지갑 열어 구입하시는 대다수는 이미 책이 필요 없을 만큼 '좋은' 분들이셨다.

　이 글을 읽으시는 분들도 마찬가지일 거라 생각한다. 지금도 여러분의 부부 전선은 '이상 무'일 테지만, 여러분의 '지금보다 더욱 빛나는' 부부 생활을 힘껏 응원한다.

검사 남편이 백수가 되니, 더 나아졌습니다

파국만은 피해보고 싶어서 기울인 노력이었는데, 의외로 제법 괜찮은 결혼생활을 이어나가고 있다. 하지만 아쉽게도 남편과 내가 천생연분이라는 생각은 안 든다. 다시 과거로 돌아갈 수 있다면 주저하지 않고 '더 나은' 반려자를 만나기 위해 더 노력할 거다. 아니, 아예 그냥 다시 태어나지 않아야 하나? 기분이 썩 좋은 건 아니지만, 내 남편 역시 마찬가지일 거라 생각한다. 하지만 확실한 건, 그 '더 나은' 반쪽을 만난다 해도 예기치 못한 난관까지 피할 수는 없다는 거다.

인생 자체가 희극이라기보다는 전체적으로 비극에 가까우니까. 어차피 죽음이라는 결말이 정해져 있는 각본 아닌가. 중요한 것은 그 안에서 얼마나 다채롭고 즐거운 에피소드, 기억에 남는 인상적인 사례를 풍성하게 쌓는지 여부라고 생각한다. 그런 점에서 나에게 잊지 못할 고통과 역경을 안겨준 남편이 그리 나쁘기만 한 배우자는 아니었다. 솔직히 남편이 잘나가는 검사로 계속 재직했다면 이렇게 내가 책을 낼 수 있었을지 모르겠다. 나는 내 삶에 너무 만족해 또 다른 시도를 할 필요도 전혀 느끼지 못했을 테니까. 그렇다고 작가라는 내 꿈을 이뤄주기 위해 남편이 무모한 결심을 한 거라는 망상을 펼칠 만큼 이성이 실종된 건 아니다.

22년 나의 결혼생활을 돌이켜보니 결혼은 적당한 포기도 아니고, 적당한 희생도 아니었다. 이렇게 자신을 지워버리는 삶은 결혼이 아닌 어떤 인간관계에서도 건강하고 지속적인 관계로 이어질 수 없다. 결혼은 자신의 삶을 살아가는 과정에 있어 함께 하는 하나의 관계에 불과하다. 물론 매우 중요한 관계임에는 틀림없다. 하지만 중요한 것은 내 자신의 삶을 오롯이 살아나가는 것이다. 내가 좀 더 나은 이로 거듭나기 위한 삶의 여정에서 배우자는 자주 등장하게 된다. 가끔은 함께 걷기도 하고, 가끔은 저 멀리 내 앞에서 달리기도 하고, 또 가끔은 다른 길을 한참 걷다가 내 옆으로 살며시 다가오기도 한다.

매 순간 깨어 있으며, 결혼관계가 괜찮은 건지 체크할 필요는 없다. 때로는 관성에 기대 힘 빼고 적당히 살아도 된다. 하지만 부부관계가 순조롭게 흘러가지 않을 때는 몇 발자국 떨어져 살펴보고, 1년에 한 번쯤은 진지하게 관계 재설정에 대해 고민해보는 것은 필요해 보인다.

요즘 우리사회는 양극화 심화로 몸살을 앓고 있다. 결혼에도 양극화가 있는 것 같다. 그동안 나는 하위 10%에 속해 있었다. 하지만 이 책을 쓰며 나날이 나아졌으니 이제는 화목한 부부 상위 10%로 격상되었다고 자평한다. 내 관점에서 그렇다는 거다. 남편은 어떻게 생각하고 있는지는, 물어보지 않아서 사실 잘 모르겠다. 솔직히 말하면 어떤 대답을 할지 살짝 겁이 나서 못물어보고 있다.

매일 남편을 미워하고, 흉보면서 하위 10%로 살 때는 결혼은 해도, 안 해도 후회라는 생각을 했다. 하지만, 자녀를 낳아서 키우는 삶에는 무척 만족했다. 이런 점에서 결혼은 옵션이지만, 자녀는 필수라는 자가당착적인 생각을 해왔다.

상위 10%로 살고 있다고 자신하는 지금은 결혼에 대한 생각이 바뀌었다. 결혼은 필수다. 그렇다고 자신의 눈을 대폭 낮춰 혼기 차면 '아무나' 하고 결혼하라는 건 아니다. 준비도 안 된 상태에서 가슴 콩닥콩닥 뛰는 사람 만났다고 '섣불리' 결혼하는 것도 경계한다. 결혼은 필수지만, 충분히 준비하고, 사전에 공부하고, 배우자에게 상응하는 '좋은 사람'이 된 후에 결혼을 해야 한다. 그래야 불필요한 시행착오를 최소화할 수 있다.

우리는 내 배우자만 바뀌면 부부관계가 갑자기 확 좋아질 거라는 환상을 갖고 있다. 그런데, 내 배우자도 똑같은 생각을 하며 산다. 중요한 건, 나는 문제가 없기에 바꿀 필요가 없다는 착각 속에 산다는 거다.

가끔 지금 남편이 아닌 다른 사람과 결혼했다면 어떤 삶을 살고 있을까 상상의 나래를 펼쳐보곤 한다. '더 나은' 사람에 대한 기준은 개인마다 다를 테지만, 나에게는 '키 큰 남자, 머리 작은 남자, 경제관념이 투철한 남자' 정도가 될 듯싶다. 이런 사람을 만났으면 삶에 대한 만족도가 지금보다 살짝 더 높아졌을까? 최소한 아이들은 더 기뻐했을지도 모르겠다. 아담한 키와 큰 바위 얼굴을 물려준 부모에 대해 하루가 멀다 하고 원망을 듣다 보니 어쩔 수 없이 외모관련 조건이 까다로워졌다.

책 한 권을 쓸 만큼 속속들이 내 결혼생활을 해부했지만, 여전히 우리 부부에게 숙제는 남아 있다. 일부는 내가 풀어야 할 숙제고, 일부는 내 남편이 직접 해결해야 할 것들이다. 남편의 과제까지 내가 끙끙거리고 받아들일 생각도 없고, 나까지 머리 아파한다고 남편의 인생숙제가 원만하게 잘 풀린다는 보장도 없기에, 나는 오늘도 아내로서 내 역할에만 충실해보자고 결심한다.

글을 쓰는 내내 확신 부재에 시달렸다. 나의 결혼생활에 누가 관심을 가질까? 20년 이상 결혼생활을 유지하고 있다면 누구나 이 정도의 '특이'한 경험은 다들 있지 않을까? 내 글이 다른 부부들이 돈 주고 사서 읽을 만큼 가치가 있는 이야기일까? 글이 잘 써지지 않을 때마다 중도에 포기하고 싶은 마음이 컸다. 그럼에도 결국 끝까지 해냈다. 이 책을 통해 결혼에 대한 내 나름의 답안지를 작성해보고 싶었기 때문이다.

특수성이 모여서 보편성을 만든다고 생각한다. 이런 점에서 한 개인의 진솔하고 속 깊은 이야기도 얼마든지 일반적인 스토리로 격상될 수 있는 힘을 갖고 있다고 본다. 투명한 플라나리아처럼 내 삶을 꽤나 드러냈지만 나를 노출한 것을 후회하지 않는다. 내 이야기가 부부관계로 힘들어하는 누군가에게 닿아, 그들의 내일이 오늘보다 한 뼘 더 성장하는 데 도움이 될 수 있기를 희망해본다.

이혼 말고도 방법은 있습니다

초판 1쇄 발행 | 2023년 3월 14일

지은이 | 강진아
펴낸이 | 김지연
펴낸곳 | 마음세상

주 소 | 경기도 파주시 한빛로 70 515-501

신고번호 | 제406-2011-000024호
신고일자 | 2011년 3월 7일

ISBN | 979-11-5636-519-8 (03190)

ⓒ강진아, 2023

원고투고 | maumsesang2@nate.com

* 값 14,500원

* 마음세상은 삶의 감동을 이끌어내는 진솔한 책을 발간
하고 있습니다. 참신한 원고가 준비되셨다면 망설이지 마
시고 연락주세요.